ro
ro
ro

Für seine Herkunft hat sich Bruno Ziauddin nie interessiert. Erst nach dem Tod der Eltern beschließt er, in das Geburtsdorf des Vaters zu fahren – ein entlegenes Nest an der Südspitze Indiens. Dort lernt er nicht nur seine fünf Tanten und 34 Cousinen und Cousins kennen, während er permanent Tee trinken, Geschenke in Empfang nehmen und dabei unzählige Kommunikationsprobleme umschiffen muss. Die abenteuerliche Reise bildet auch den Ausgangspunkt, um mehr über den ungewöhnlichen Werdegang des Vaters (und letztlich sich selbst) in Erfahrung zu bringen. Die Spurensuche führt nach London, Ghana und zurück nach Indien. Die Familiengeschichte eines Multikultikindes, berührend und amüsant.

Bruno Ziauddin, geboren 1965, ist Journalist, Buchautor sowie Dozent an der Schweizer Journalistenschule in Luzern. Der Sohn eines indischen Ingenieurs und einer Schweizer Krankenpflegerin ist in Zürich aufgewachsen. Für seine Texte, die unter anderem in der *Weltwoche*, im *Süddeutsche Zeitung Magazin* und der *Frankfurter Allgemeinen Sonntagszeitung* erschienen sind, wurde er mit mehreren Preisen ausgezeichnet. Mit seinem Erstling *Grüezi Gummihälse*, einer satirischen Betrachtung des Verhältnisses zwischen Schweizern und Deutschen, landete er gleich einen Bestseller.

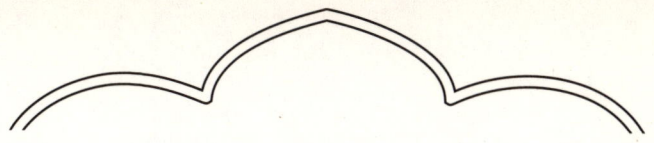

Bruno Ziauddin

CURRY-CONNECTION

Wie ich zu fünf Tanten, 34 Cousins
und einem neuen Namen kam

Rowohlt Taschenbuch Verlag

2. Auflage Februar 2010

Originalausgabe
Veröffentlicht im Rowohlt Taschenbuch Verlag,
Reinbek bei Hamburg, Januar 2010
Copyright © 2010 by Rowohlt Verlag GmbH,
Reinbek bei Hamburg
Umschlaggestaltung ZERO Werbeagentur, München
(Fotos: privat; Vera Hartmann; Eric Meola/Getty Images)
Fotos Innentitel: privat
Satz aus der Minion PostScript, InDesign,
bei Pinkuin Satz und Datentechnik, Berlin
Druck und Bindung Druckerei C. H. Beck, Nördlingen
Printed in Germany
ISBN 978 3 499 62548 0

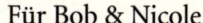

Für Bob & Nicole

INHALT

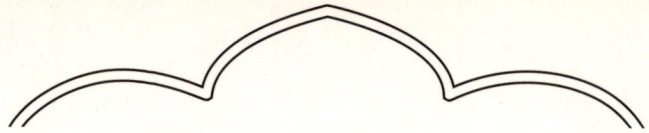

PROLOG

«Ist es noch weit?»

«Gern geschehen.»

«Wie bitte?»

«*No problem*. Du bist unser Gast.»

«Ich glaube, du hast mich nicht richtig verstanden. Ich habe gefragt, wie lange die Fahrt noch dauert.»

«*No problem.*»

«Auto – wie lange fahren?»

«Otto?»

«Auto.»

«Ah! Höchstens eine halbe Stunde. In vierzig Minuten sind wir da.»

«Verzeih, ich hätte noch eine dumme Frage. Wahrscheinlich wird es nicht die letzte sein.»

«Natürlich nicht.»

«Wer bist du?»

«Wer?»

«Du.»

«Ah! Ich bin Babu. Babu, dein Cousin Babu!»

«Cousin?»

«Ja, der Sohn von Kamarunisa.»

«Und sie ist …»

«… die Schwester deines Vaters.»

ZÜRICH

Die Geschichte beginnt mit dem Ende. Der 17. Dezember 2001 war ein eisig kalter Wintertag. Nach Feierabend fuhr ich zu einem schicken, in einer alten Fabrikhalle untergebrachten Lokal, wo die Weihnachtsfeier unserer Redaktion stattfand. Mit einem Glas Sekt in der Hand gesellte ich mich zu zwei Kollegen, die sich bereits in Festlaune tranken. Wir unterhielten uns im sarkastischen Tonfall über die düstere Lage unserer Branche, als mein Handy zu surren begann. Auf dem Display erschien die Nummer meiner Eltern.

Die Teenager- und Studentenjahre, in denen man sich über vermeintlich zur Unzeit erfolgende Anrufe der Eltern ärgert, lagen hinter mir. Ich nahm den Anruf mit einem aufgeräumten «Hallo» entgegen. Zwar stutzte ich, als nicht die Stimme meiner Mutter oder meines Vaters ertönte, sondern jene der Nachbarin. Ich dachte mir aber nichts weiter dabei und setzte zu ein paar freundlichen Fragen an. Wie es ihr denn so gehe und ob sie die Weihnachtseinkäufe schon erledigt habe. Die Nachbarin ging nicht auf meine Fragen ein, und erst jetzt realisierte ich, dass etwas nicht stimmte. Warum klang ihre Stimme so merkwürdig? Und was war das für ein Geräusch im Hintergrund? Weinte da jemand? War das nicht meine Mutter? Die Nachbarin sagte nur zwei Worte, doch ich verstand sofort: «Dein Vater.»

Ich nahm meinen Mantel, taumelte in die Kälte und stieg in ein Taxi. Wie die meisten Menschen Mitte dreißig war ich noch nie wirklich mit dem Tod konfrontiert worden. Als kleiner Bub bekam ich die aufgebahrte Leiche einer entfernten Tante zu Gesicht. Das bedeutete: keine sonderbaren Pfefferminzbonbons mehr in die Hand gedrückt zu kriegen. In der dritten Klasse verunglückte der Sohn des Bäckers tödlich. Ich vergaß rasch. Die Großeltern väterlicherseits lebten und starben fast achttausend Kilometer entfernt, ohne dass ich ihnen je begegnet war. Die anderen, die richtigen Großeltern, waren nach der Pensionierung von Zürich nach Südfrankreich gezogen, in die Heimat der Großmutter. Ich war dreizehn, als sie kurz hintereinander starben. Natürlich war ich traurig. Aber nicht so traurig wie an dem Tag, an dem ich die schöne Maria, die ich seit Wochen umwarb, beim Herumknutschen mit einem älteren Jungen sah.

Auf der Fahrt zur elterlichen Wohnung versandte ich rastlos Textnachrichten an Freunde und Arbeitskollegen. «Lieber Stefan, komme morgen nicht in die Redaktion. Mein Vater ist gestorben.» Ich war gleichzeitig benommen und überdreht, leer und voller Gedanken. In den folgenden Tagen und Wochen sollten noch zahlreiche schlimme, aufwühlende, manchmal auch auf eigenartige Weise schöne Momente folgen. Einer der schlimmsten Momente jedoch kam ganz am Anfang: Als das Taxi in die Straße der Eltern einbog, sah ich schon von weitem den Krankenwagen, der vor der Haustür stand. Das Blaulicht war ausgeschaltet. Ich begriff, dass es endgültig war.

Einholung der ärztlichen Todesbescheinigung, Anmeldung des Todesfalls beim Bestattungsamt, Anforderung des amtlichen

Todesscheins beim Zivilstandesamt, Aufgabe der Todesanzeige und Versenden der Trauerkarten; Unterredung mit dem Friedhofsverwalter zwecks Grabwahl, Bestellung des provisorischen Holzkreuzes inklusive Festlegung der Inschrift, Auswahl des Sargtyps, Erstellung eines Inventars zu Händen des Steueramts, Abteilung für Inventarisation. Wer kennt einen guten Organisten für die Abdankungsfeier? Braucht es einen Grabkranz? Wo soll das Leichenmahl stattfinden?

Was grausam tönt, wurde in Wahrheit von einer weisen und gütigen Fee ersonnen. Der bürokratische Irrsinn der ersten Tage ist die einzige Medizin gegen Verzweiflung, Hilflosigkeit, Panik und Lethargie.

Auf der Beerdigung mimte ich den Tapferen, notgedrungen. Außer mir – Nachteil der modernen Einkindfamilie – war ja keiner da, der der untröstlichen Mutter wirklich hätte Trost sein können. Ein paar Freunde und Bekannte kondolierten. Silvia, meine Freundin, warf Blumen auf den Sarg, ebenso die Mikroverwandtschaft, bestehend aus einem Onkel zweiten Grades und meinem französischen Cousin.

Am Rande der Trauergemeinde stand Joseph. Die Hände gefaltet, den Kopf gesenkt, in einer für die Jahreszeit zu dünnen Windjacke. Joseph wohnte in der Nachbarschaft und stammte wie mein Vater aus Südindien. Die beiden hatten sich einige Jahre zuvor auf einem Straßenfest kennengelernt. Er war so ziemlich der einzige Inder, mit dem mein Vater in den vielen Jahren, die er in Europa verbrachte, Umgang pflegte. Ansonsten mied er den Kontakt zu Landsleuten. Ebenso machte er, der geborene Muslim, einen Bogen um die Moschee, die sich unweit der elterlichen Mietswohnung befand. Mir empfahl er, dereinst meinen Familiennamen abzulegen. Zu kompliziert, zu fremd, bringt nur Nachteile. Und er warnte eindringlich vor Reisen in den arabischen Raum. Lauter religiöse Eiferer, die nur darauf warteten, einen wie mich, einen getauften Katholiken mit muslimischen Ahnen, als Konvertiten zu brandmarken und in ein orientalisches Verlies zu sperren.

Mein Vater war nach dem Krieg nach England gegangen, um Ingenieurwissenschaften zu studieren. In fünfzig Jahren kehrte er nur viermal in seinen Geburtsort zurück, ein entlegenes Dorf namens Srivaikuntam, siebzig Kilometer vom Südkap Indiens entfernt, wo Arabisches Meer, Golf von Bengalen und Indischer Ozean zusammenfließen. Erreichte ihn ein Brief aus der weitverzweigten Verwandtschaft, etwa von einem Neffen, der um Geld für den Hadsch, die Pilgerreise nach Mekka, bat, dann schrieb er ein paar scharfe Zeilen an Mister Yusuf, seinen Vertrauten im Dorf. Man möge ihn bitte mit Bettelbriefen, Hochzeitseinladungen oder den Schilderungen irgendwelcher Familienzwistigkeiten verschonen. All das raube ihm den Schlaf und halte ihn von der Arbeit ab. Selbst seine Muttersprache, Tamilisch, so behauptete er, habe er verlernt.

Lieber erinnerte er sich an seine Studentenzeit in London. An den köstlichen britischen Humor der Kommilitonen, an die langen Abende im Labor der Ingenieursfakultät, an die Beethoven-Konzerte in der Royal Albert Hall, die mit dem, was man heutzutage auf dem europäischen Festland zu hören bekam, nicht zu vergleichen waren. Oder er sprach mit Wehmut von Ernst, seinem leider allzu früh verschiedenen Schweizer Freund, diesem, wie er es nannte, hochkultivierten Unternehmer, mit dem es sich so herrlich bei einem Glas Scotch über Gott, die Welt und die fehlenden Manieren der heutigen Jugend reden ließ.

«Kultiviert» war ohnehin ein wichtiges Wort im Vokabular des Vaters. Eine Art Gütezeichen für alles, was seinem gestrengen abendländischen Wertesystem genügte, vor dem sich Humboldt, Knigge und Queen Victoria gemeinsam verneigt hätten. Er war für Bach und gegen die Beatles, für Krawatten und gegen lange Haare, für Schach und gegen Fußball, für die *Herald Tribune* und gegen Privatfernsehen. Indien, so schien es mir damals, spielte in seinem Leben nahezu keine Rolle, und indisch an ihm dünkte mich höchstens seine dunkle Haut und die Vorliebe für infernalisch scharfe Currys.

Kein Wunder also, dass auch ich mich kaum für seine Heimat interessierte und von ihr etwa gleich viel Ahnung hatte wie ein Bewohner der Malediven vom Eiskunstlaufen oder ein Sextourist von der Literaturszene Bangkoks. Lange Zeit wusste ich nicht einmal, dass mein auf «Din» endender Familienname genauso unverkennbar auf eine muslimische Herkunft verwies wie bei dem legendären Feldherrn Saladin (Salah ad-Din) oder dem Wunderlampen-Jungen Aladin aus *1001 Nacht*. Entsprechend unverständlich war mir das Interesse weltoffener Mitbürger in Gestalt von Lehrern, Schulzahnärzten und Nachbarn an meinen «exotischen Wurzeln». Wurzeln! Sehe ich aus wie ein Mangobaum?

Nach dem Tod des Vaters begannen sich die Dinge zu ändern. Allmählich nur und ohne dass ich mir dessen zunächst bewusst war. Den Anfang machte das Wiedersehen mit Joseph am Begräbnis. Seine Anwesenheit war für mich irgendwie tröstlich, und ich spürte eine unerklärliche Verbundenheit mit ihm. Obwohl uns in Wahrheit außer ein paar gemeinsamen Sonntagsessen bei meinen Eltern wenig verband. Und obwohl sich mein Vater und er in fast allem unterschieden: Heimatstaat, Muttersprache, Religion; kontaktfreudig und aufbrausend der eine, still und fromm der andere. Nur Inder waren sie beide.

Das neue Jahr brach an, und ich begann wieder zu arbeiten. Die Abende verbrachte ich oft bei meiner Mutter, von der ich manchmal den Eindruck hatte, der Verlust ihres Gatten, mit dem sie vierzig Jahre verheiratet gewesen war, mache ihr mehr zu schaffen als die Krebsdiagnose, die man ihr kürzlich gestellt hatte. Im Stapel der Beileidsschreiben auf ihrem Küchentisch fand ich eine sperrige Karte. Sie zeigte ein kitschiges Blumenarrangement und war mit pompösen Lettern verziert. Den Text konnte ich nicht lesen, Tamilisch vermutlich. Aus den beiden in lateinischen Buchstaben hinzugefügten Namen schloss ich, dass es sich um eine Hochzeitsannonce handelte. Ein Mohammed aus Srivaikuntam würde wohl demnächst eine Afrah aus der Ortschaft Tirunelveli heiraten. «Müssten wir nicht Papas Verwandte benachrichtigen?», fragte ich meine Mutter.

Sie ging in sein Arbeitszimmer, wohl zum ersten Mal seit seinem Tod, und holte einen dicken Ordner, in dem lauter Luftpostbriefe abgelegt waren. Je älter mein Vater wurde, desto mehr Papier archivierte er – Zeitungsausschnitte, Faltprospekte, Gebrauchsanleitungen, Merkblätter, handschriftliche Notizen, die gesammelten Taschenkalender 1987–2001. Dass er auch die Briefe aus Indien säuberlich aufbewahrte, überraschte mich allerdings. Und wie viele es waren! Fast zuoberst fand ich einen Brief von Mister Yusuf, dem Vertrauten meines Vaters. Darin teilte er ihm mit, dass sich der Gesundheitszustand einer Frau namens Ummul wieder gebessert habe. – *In Liebe, Dein Yusuf.*

Ich ging zurück in das Arbeitszimmer, setzte mich an den Schreibtisch meines Vaters und schrieb in so einfachem Englisch wie möglich: «Lieber Mister Yusuf. Ich habe schlechte Nachrichten. Mein Vater ist gestorben. Er starb am 17. Dezember. Meine Mutter und ich sind sehr traurig. Alles Gute.» Mir kam in den Sinn, dass in meiner Geburtsurkunde ein zweiter, ein indischer Vorname eingetragen war. Und so unterschrieb ich erstmals in meinem Leben mit «Bruno Meeran».

Die Antworten trafen schnell und zahlreich ein. Auf alten Schreibmaschinen verfasst, mit zittriger Hand geschrieben oder in sorgfältiger Schnürchenschrift. Das Englisch war teils kurios, teils überformell, manchmal nahezu unverständlich, dann wieder von einer poetischen Kraft, wie sie nur die Reduktion auf das Allerwesentlichste hervorbringt.

Lieber Bruno. Ich bin Deine Tante. Die älteste Schwester Deines Vaters. Meine Augen halten nicht genug Tränen, um zu zeigen den Schmerz. In Liebe, Ummul.

Lieber Bruno. Ich bin Deine Tante. Jüngste Schwester Deines Vaters. Für mein nächstes Leben wünsche ich, wieder als seine Schwester geboren sein.

Lieber Bruno Meeran. Assalamu Alaikum! Ich bin Deine Cousine. Nicht Länder weder Entfernungen können unsere Liebe je trennen.

Im Namen Allahs des Allbarmherzigen. Wir beten zu Gott, er möge einen Himmel schenken für unseren über alles geliebtesten Onkels. Dieser Mensch so unübertroffen.

Lieber Bruno, ich bin Deine Tante. Die vierte Schwester Deines Vaters. Bitte sofort nach Indien kommen.

Und Mister Yusuf schrieb: «Ich möchte Sie darüber in Kenntnis setzen, dass nie eine überraschendere Nachricht und so schockierend mich je erreicht hat. Und wieso erst jetzt so spät?»

Es war nicht der einzige Brief, in dem der Vorwurf anklang, ich hätte die Todesnachricht rascher überbringen sollen. Das stimmte natürlich. Schließlich handelte es sich – und das wurde mir merkwürdigerweise erst in diesem Augenblick richtig bewusst – um ganz nahe Angehörige, denen mein Vater, «trotz Ländern und Entfernungen», noch immer viel bedeutete.

Vielleicht sollte ich mich bei Mister Yusuf entschuldigen? Ihm eine Erklärung für mein Versäumnis liefern? Andererseits: Was hatte ich mit diesen Leuten zu tun? Mit muslimischen Händlern, Lehrern und Hausfrauen aus einem südindischen Kaff? Ich hatte gewiss genug eigene Sorgen. Eine kranke, frischverwitwete Mutter. Einen Job, der so aufreibend und aufzehrend war, wie es nur der eigene Job sein kann. Und Rückenschmerzen. Gottverdammte Rückenschmerzen, die mich seit Wochen mit der Beharrlichkeit einer Abrissbirne traktierten. Inder, lasst mich in Frieden!

Der Frühling kam, Mutter wurde kränker. Im Sommer die Fußball-WM, die ödeste aller Zeiten. Herbst, Arbeit, Arbeit, Arbeit. Der erste Todestag, ein Brief von Mister Yusuf. Eines Tages eine E-Mail von einer angeblichen Cousine namens Nowrose. Woher sie wohl meine Adresse hatte? Wenig später die absurde Anfrage eines Abdul. «Hallo. Du und ich Familie. Ich will leben in Europa. Bitte senden Information.»

Indien schien weit weg, rückte aber, wie ich erst im Nachhinein erkannte, immer näher. Obwohl mein Vater schon mit achtzehn von zu Hause weggezogen war, obwohl er nur selten über seine Familie sprach und vorgab, sich nicht mehr für ihre Angelegenheiten zu interessieren, unterstützte er sie ein Leben lang finanziell. Ob als Praktikant in Pakistan, als aufstrebender Staudamm-Experte in Ghana oder als etablierter Ingenieur bei einem Zürcher Hoch- und Tiefbauunternehmen: Jahr für Jahr, ohne Ausnahme und immer an Weihnachten überwies er der Mutter und den sieben Schwestern Geld. Und da mein Vater zu jenen Männern gehörte, die zu Lebzeiten viel darüber sprechen, wie es sein wird, «wenn ich einmal nicht mehr da bin», sagte er mir: «Nach meinem Tod schickst du noch einmal dreitausend Franken. Dann ist fertig.»

Also betrat ich vor Weihnachten wiederum das Arbeitszimmer und öffnete den Aktenschrank, der mir immer ein wenig unheimlich gewesen war, weil darin, wie mir mein Vater eingebläut hatte, «alles Wichtige» lagerte. Das Testament, die Lebensversicherung, amtliche Ausweise und Zeugnisse, der Notgroschen sowie fünf Kopien einer Auszeichnung, die ich einst als Student gewonnen hatte.

Schnell fand ich in dem Schrank die Angaben, die es für die Zahlung brauchte. Und so geriet ich in die Fänge der indischen Bürokratie, der vielleicht absonderlichsten der Welt. Endlos wie die sibirische Tundra, mysteriös wie der Heilige Gral, willkürlich wie der römische Kaiser Caligula. Ich überwies das Geld auf das eigens für diese Zwecke eingerichtete Konto bei der State Bank of India, Zweigstelle Srivaikuntam. Mister Yusuf würde die Summe unter den fünf noch lebenden Schwestern meines Vaters verteilen. Doch die Zweigstelle weigerte sich, Mister Yusuf das Geld auszuhändigen. Dass er seit fünfzehn Jahren eine Vollmacht für das Konto besaß, half nichts. Ebenso wenig wie meine Mails, Faxbestätigungen und eingeschriebenen Briefe samt den von der Bank angeforderten amtlichen Kopien des Testaments, des Todes- und des Geburtsscheins sowie einem Duplikat der Vollmacht, in deren Besitz sie bereits war. Wirkungslos auch meine Telefonanrufe bei der indischen Botschaft und das ungehaltene Schreiben, das ich hinterherschickte (ein «*stinking letter*», wie mein Vater, der gerne auf Englisch schimpfte, gesagt hätte).

Indische Bürokraten blockierten mein Geld. Mein Geld, das für Mister Yusuf bestimmt war. Für Mister Yusuf, der es an seine Verwandten weiterleiten sollte. An seine Verwandten, die auch meine waren. Ich – sie – wir. Zum ersten Mal waren aus den Angehörigen meines Vaters ein wenig meine eigenen geworden.

Es wurde ein Jahrhundertsommer; in der ganzen Stadt gab es nirgends mehr Ventilatoren zu kaufen. Wie gerne ich meiner Mutter einen ans Sterbebett gestellt hätte. Nach der zweiten Beerdigung in anderthalb Jahren legte ich mich für ein paar Wochen schlafen.

Danach war alles anders und genau gleich. Eine Zeitlang empfand ich ein irritierendes Gefühl der Freiheit. Ich konnte jetzt mein Erspartes verbrennen, mich nackt an den Eiffelturm binden oder einer obskuren Sekte beitreten, und kein Vater würde entsetzt sein. Ich konnte mit zweihundert Stundenkilometern in eine Betonmauer krachen, und keine Mutter würde bis ans Ende der Tage um ihren einzigen Sohn trauern. Natürlich machte ich nichts von alledem. Ich kehrte an meinen Arbeitsplatz zurück, ging samstags mit Silvia einkaufen, traf mich montags mit Freunden zum Billard und entsorgte jeden zweiten Freitag das Altpapier. Auch ohne Eltern gab es einen Alltag. Und in dem hatten Inder nach wie vor nichts verloren.

Doch eines Abends im November, aus heiterem Himmel, wie man so sagt, geschah dies: Ich kam von einer öden Geburtstagsfeier nach Hause, ging ins Bad, wusch mir das Gesicht, starrte in den Spiegel und wusste: Ich muss nach Indien.

SRIVAIKUNTAM

Welcome, dear Bruno. Ein mir unbekannter Mann Mitte vierzig – klein, sehr dunkel, Seehundschnauz, Kugelaugen, sympathisch – streckt ein Pappschild in die Höhe und bricht sofort in Tränen aus. Er steigt über die Absperrung, stammelt «hello», «*we are glad, so glad*», «glücklich, so glücklich», ergreift meine Hand, umklammert sie so innig wie ein Säugling den Daumen der Mutter, zerrt mich durch die Menge – wo sind eigentlich unsere Koffer? –, überall Menschen, Menschen, Menschen, es ist morgens um halb fünf, 26 Grad feucht, wir überqueren eine Straße, Motor-Rikschas lärmen an uns vorbei – Silvia, bist du hinter mir? –, der Mann zerrt mich weiter, wir gelangen auf einen schummrigen Parkplatz, Palmen, die Luft ist dick und klebrig und bleischwer, eine Autotür geht auf, die Koffer sind schon drin, «das ist Ahmed, der Mann deiner Cousine» (oder hieß er Abdul?), «und hier unser Fahrer, ein Schwager deiner Tante» (oder war es ein Neffe?), «und das ist Rahim, dein …»

Nun gab es also kein Entrinnen mehr. Ich war da. Zum ersten Mal in meinem Leben. Mit 38 Jahren. Neben mir Silvia. Hinter mir der Flughafen von Madras. Vor mir fuchtelnde, mich betatschende, in Markthallenlautstärke auf mich einredende fremde Männer. Verwandte. Die Reise, die mich ins Geburtsdorf meines Vaters führen sollte, hatte begonnen. Eine

Reise, gegen die ich mich jahrelang gesperrt hatte und die sich als die absurdeste, schönste, aufreibendste und berührendste meines Lebens herausstellen sollte.

Feuchte Hände schubsen mich ins Innere des Autos. Silvia hält sich an meinem jetzt schon durchgeschwitzten Hemd fest und drängt sich neben mich. Nach dem Begrüßungsschock folgt der Verkehrsschock. Kaum befinden wir uns auf der Hauptstraße Richtung Innenstadt, werden wir von grotesk hellen Scheinwerfern geblendet, die wie bei einem Polizeiverhör genau auf unsere Augen gerichtet sind. Es sind die Lichter eines Lastwagens, der direkt auf uns zudonnert. Und keine Anstalten auszuweichen macht. In weniger als drei Sekunden wird es zur Frontalkollision kommen. Ein Selbstmordattentäter!

Im allerletzten Moment schert der Lastwagen auf seine Fahrspur ein. Wir sind nochmals mit dem Leben davongekommen. Aber es war knapper als bei Bruce Willis, wenn der sich, fünfmal angeschossen und von einem Dutzend hünenhafter Bösewichte umzingelt, mit einem tollkühnen Sprung von einer Hängebrücke vor dem sicheren Tod rettet. Silvia hat die Augen geschlossen. Ich schlucke leer. Der Fahrer gähnt entspannt. In der nächsten halben Stunde ereignen sich zahlreiche weitere Beinahe-Frontalkollisionen, mit Ochsenkarren, Motorrädern, dösenden Kühen und gereizten Scheinwerfermonstern. Hätte ich zu dem Zeitpunkt gewusst, dass dies eine für indische Gegebenheiten eher geruhsame, von frühmorgendlich-idyllischen Verkehrsverhältnissen begünstigte Fahrt ist, wäre ich sofort ausgestiegen und zu Fuß zum Flughafen zurückgekehrt.

Rauchschwaden wabern durch die Dämmerung, abgemagerte Gestalten kauern am Straßenrand, jemand scheint seine Notdurft zu verrichten. Ein überwältigender Gestank, faulig, übersüß, nach Tod und Leben zugleich riechend, dringt ins Auto. Ein halbnackter Mann humpelt über die Kreuzung. Seine Beine sind so dünn wie zwei eingerollte Regenschirme. Einen Moment lang glaube ich, dass mir schlecht wird.

Nach der hektischen Begrüßung herrscht jetzt verlegenes Schweigen. Ich frage den Mann neben mir, wie lange die Fahrt zum Hotel noch dauert. «*No problem.*» – «Wie bitte?» – «Kein Problem, du bist unser Gast.» – «Du hast nicht richtig verstanden …» – «Selbstverständlich!» – «Ich möchte wissen …» – «Aber sicher!» Und so weiter. Egal, wie ich es anstelle, er scheint mich einfach nicht zu verstehen. Je langsamer und vermeintlich deutlicher ich spreche, desto weniger. Als er endlich begriffen hat, redet er im horrenden Tempo drauflos. Jetzt verstehe *ich* kein Wort. War das Englisch oder Tamilisch? Ein Hauch von Panik kommt in mir auf. Geht das nun zehn Tage so weiter? Und werden die mich jedes Mal an der Hand nehmen, wenn wir herumlaufen? Und Silvia werden sie die ganze Zeit ignorieren?

«Ich habe schon wieder eine blöde Frage, entschuldige.»

«Gern geschehen!»

«Ich habe fünf Tanten, nicht wahr?»

«Sieben Tanten. Korrekt.»

«Wie viele?»

«*No problem.*»

«Fünf oder sieben?»

«Acht.»

«Was jetzt?»

«Korrekt. Zwei sind gestorben.»

Babu beginnt ohne ersichtlichen Grund zu heulen. Er senkt

den Kopf und reibt sich die Augen, sodass er wie ein unglücklicher Schuljunge aussieht und man ihn in den Arm nehmen möchte. «Ich habe mich stets an die Anweisungen deines Vaters gehalten. Mich trifft keine Schuld. Du musst mir glauben. Es war Nizar, der …»

Babu. Nun erinnerte ich mich halbwegs. Mein Vater hatte lange Zeit drei Vertraute im Dorf. Mister Yusuf, Nizar und eben Babu. Nizar war wohl der jüngste der drei und etwa gleich alt wie ich. Als Teenager schrieb er mir einmal einen Brief, worauf ich eine Zeitlang mit ihm korrespondierte. Mein Vater ermutigte mich dazu. Nizar sei klug und strebsam und würde es bestimmt zu etwas bringen. Vor einigen Jahren fiel er aber in Ungnade, kurz darauf Babu. Es ging um einen Hausverkauf. Kaum je hatte ich meinen Vater wegen einer indischen Familiensache derart aufgebracht gesehen. Vor allem auf Nizar schien er wütend. Was ich an meinem ersten Tag in Indien noch nicht ahnen konnte: Schon bald sollte dieser Familienstreit auch mir nahegehen.

Ein Juwel, wie es der Name suggeriert, kann man unser Hotel nicht wirklich nennen. Dafür ist die zigarettenschachtelgroße Kakerlake, die beim Betreten des Zimmers über den Boden walzt und meine ansonsten unhysterische Silvia zu einer Kreisch-Arie inspiriert, einfach zu krass. Ich will die Fenster schließen, damit wir uns in normalem Ton unterhalten können. Die Fenster *sind* bereits geschlossen. Das Knattern, Donnern und Brummen, unterlegt von einem irren Hupteppich, das unser Zimmer erfüllt, tönt wie eine Kombination aus Karnevalsumzug und Bürgerkrieg. Der Fahrer hatte also nicht zu viel versprochen, als er voller Stolz sagte: «Das ist eine der sehr wichtigsten Geschäftsstraßen von Madras! Sehr schön und sehr wichtig!»

Später erfahren wir, dass Babu einige Wochen zuvor schon einmal von Srivaikuntam nach Madras gereist war, um ein geeignetes Hotel für uns auszusuchen und, wie er sich ausdrückte, «alle weiteren notwendigen Vorkehrungen» für unseren Aufenthalt zu treffen. Die Fahrt vom Dorf hierher dauert dreizehn Stunden. Es war nicht das letzte Mal, dass wir uns ein wenig schämten: hier die anspruchsvollen Wohlstandskinder mit einem Hang zum Naserümpfen und zur Nörgelei; dort indische Dorfbewohner, die alles Erdenkliche taten, um uns das Beste vom Besten zu bieten. Oder genauer: uns das zu bieten, von dem sie glaubten, wir hielten es für das Beste vom Besten.

Aufgekratzt, ein wenig eingeschüchtert und mit viel Watte im Ohr legen wir uns auf die lottrigen Pritschen, während es draußen längst hell geworden ist. Unser Plan für den Rest des Tages: ausschlafen (Jetlag), gemütlich frühstücken, den Strand besichtigen (soll zu den Sehenswürdigkeiten der Stadt gehören), anschließend vielleicht mit Babu in einem hübschen Lokal Abend essen.

Irgendwann werde ich von einem unangenehmen Ton geweckt. Was da hysterisch vor sich hin jault, ist kein Feueralarm, sondern das Telefon. Mit dem Elan eines Scheintoten nehme ich den Hörer ab. Mister Babu erwarte uns in der Lobby, sagt der Rezeptionist. Ist es denn schon so spät? Was! Erst neun Uhr morgens! Fassungslos rüttle ich Silvia wach. Sie hat mich auch schon liebevoller angeschaut. Zwanzig Minuten später taumeln wir die Treppe hinunter in die Hotelhalle. Ich kann Babu nicht gleich erkennen und lächle den Falschen an. Plötzlich steht er neben mir; grinsend, eine Hand lässig in der Hosentasche. Er wirkt viel entspannter als gestern. *Ihm* haben die zwei Stunden Schlaf offenbar gutgetan.

Eine Gruppe Einheimischer nähert sich zögernd. Frauen im Tschador, Kinder in Glitzerkleidchen, dunkle Männer mit Bärten und Sandalen. Alles in allem: ziemlich exotisch, und ich frage mich einen Moment lang, was die wohl von uns wollen. Bruno! Das sei meine Cousine Nowrose, sagt Babu. Bruno! Und das ihre Schwester. Bruno! Ihr Bruder. Die Gruppe formt einen Halbkreis um uns herum. Alle lachen und strahlen und kichern. Eine ältere Frau tritt vor. Sie stellt sich auf die Zehenspitzen, legt ihre Hand auf meine Stirn und weint stumm. «Deine Tante. Die jüngste Schwester deines Vaters.» – Die Schwester meines Vaters. Ich bin sprachlos.

Es stellt sich heraus, dass vier meiner fünf Tanten noch immer in Srivaikuntam leben, dem Geburtsdorf meines Vaters, während die jüngste nach dem Tod des Ehemannes mit ihren neun Kindern nach Madras gezogen ist. Beziehungsweise nach «Chennai», wie die Hauptstadt von Tamil Nadu seit Mitte der neunziger Jahre und einem provinziell-chauvinistischen Anfall der Regionalregierung offiziell heißt. Die älteste Tochter dieser Tante ist 39 Jahre alt – und soeben Großmutter geworden. Dass ich, obwohl fast gleich alt, noch kinderlos und unverheiratet bin, wird mit einer Mischung aus Faszination und Mitleid zur Kenntnis genommen. Mein Vater hatte jenen, die zu früh und zu viele Kinder in die Welt setzen, sporadisch mit der Streichung der Unterstützungsbeiträge gedroht. Seinen Schwestern machte dies offenbar nur bedingt Eindruck: Laut einer handgefertigten Tabelle, die mir Babu am Schluss der Reise feierlich überreichte, habe ich 31 Cousins und Cousinen.

Diese immerhin scheinen sich etwas stärker zurückzuhalten. 69facher Onkel zweiten Grades bin ich trotzdem.

«Wir müssen los», sagt Babu und treibt uns wie Gänse aus dem Hotel in ein wartendes Taxi. Nowrose schwingt sich auf ein Motorrad. Ihre Mutter, einen Säugling auf dem Arm, setzt sich auf den Soziussitz. Auf einem zweiten Motorrad machen es sich gleich drei Erwachsene aus unserer Gruppe gemütlich. Mit der Gelassenheit eines Klippenspringers taucht Nowrose in den vier-, fünf-, sechs-, siebenspurigen Verkehr, der über diese sehr schöne! und sehr wichtige! Geschäftsstraße fährt, kriecht, braust, rollt, schlingert, hupt, stottert, schleicht, drängelt, aber niemals bremst.

Auch wenn es zwischenzeitlich nicht danach aussah: Wir überleben auch unser zweites indisches Verkehrsabenteuer und erreichen ein einstöckiges Haus in einem verwinkelten Wohnquartier. In den engen Straßen geht es genauso zu und her, wie man das aus dem *Weltspiegel* kennt, wenn der ein bisschen wuselig-betriebsame Drittweltstimmung zeigt: am Boden hockende Gewürzhändler, gackernde Hühner, herumflitzende Kinder, verschleierte Frauen, streunende Hunde, Schubkarren, Schlaglöcher, faulige Pfützen.

«*Come, come!*» Babu treibt uns eine schmale Treppe hoch in einen kargen Raum mit unverputzten Wänden und einem winzigen Fenster. Die einzigen Möbel sind zwei lindgrüne Plastikstühle, die in der Mitte des Raumes stehen. «*Sit, sit!*» Kaum haben wir der Aufforderung, uns hinzusetzen, Folge geleistet, serviert eine jüngere Frau Tee, Samosas und Kuchen. Wir haben noch nicht gefrühstückt und nehmen dankend an. Um uns herum füllt sich das Zimmer mit Schaulustigen. Die einen lächeln uns schüchtern zu, andere strahlen uns an, wie ich noch nie angestrahlt worden bin. Da niemand mit uns spricht, lächeln wir kauend zurück. Während ich mich mit dem Gedanken trage, ein letztes dieser köstlichen Samosas zu nehmen – man weiß ja nie, wann sich die nächste Gelegenheit zum Essen bietet –, werden wir von unseren Stühlen hochgescheucht und in ein anderes Zimmer gebracht, das weniger unbewohnt aussieht. An den Wänden hängen Bilder von Mekka und – eine Kuckucksuhr. Nun fühle ich mich schon fast wie daheim.

Babu sagt etwas, das sich anhört wie *«now you take break-fast»*, aber bestimmt etwas anderes geheißen hat, schließlich haben wir soeben gefrühstückt. Nowrose und meine Tante, die wir nach der Abfahrt vom Hotel aus den Augen verloren haben, betreten das Zimmer. Sie tragen Platten, Schalen und Teller herein. Viele Platten, Schalen und Teller. Unser «Frühstück» besteht aus: zwei Sorten Reis, Lammcurry, Linsencurry, Huhn, Papad, Nan und weiteren Fladenbroten, frittiertem Blumenkohl, Idlis (Reisküchlein), Kokospaste, Raita. Silvia und ich essen zu zweit. Alle anderen schauen aufmerksam zu und kommentieren das Geschehen, zwanglos mit dem Finger auf uns zeigend. Meine Tante aber spricht nicht. Sie steht dicht neben mir und überwacht meinen Teller. Nach maximal drei Bissen schöpft sie nach.

Noch mehr Menschen drängen herein. Es ist sehr laut, die Stimmung erreicht Oktoberfestwerte (ohne Alkohol, versteht sich). Die Temperatur dürfte mittlerweile bei stickigen dreißig Grad liegen. Macht dreißig Grad Unterschied zu jenem Moment, der schon fast in einem früheren Leben zu liegen scheint, als wir in Europa in ein Flugzeug gestiegen sind.

Silvia ist bleich. Sie schiebt den Reisberg auf ihrem Teller von einem Rand zum anderen. Plötzlich zuckt sie zusammen. Nowrose und meine Tante nähern sich wieder. «*Now you take dessert!*» Die Nachspeise besteht aus: Bananen, Mango, Trauben, Pudding und einer extrem süßen, klebrigen Masse. Wir ringen mit den Händen, schütteln den Kopf, lächeln verzweifelt, sagen danke, immer wieder danke, wunderbar, aber einfach *too much*, als plötzlich und ohne ersichtlichen Grund abgeräumt wird. Babu scheucht die Menge aus dem Wohnzimmer, zeigt auf das Bettsofa und sagt: «Ihr möget euch nun zur Ruhe legen.»

So muss man sich nach überstandenem Tornado fühlen. Diese plötzliche Stille. Diese befremdliche Leere. War alles nur ein Traum? Ein kohlenhydratreicher Albtraum? Silvia sitzt etwas verloren auf der Bettkante. Ich mache eine Art Verdauungsspaziergang durch das Zimmer. Vom Fenster aus sieht man auf eine Moschee und einen Schulhof, auf dem zwei Dutzend verschleierte Mädchen in Reih und Glied stehen. Mit ihren weißen Kopftüchern und den grauen, etwas unförmigen Schürzen sehen sie aus wie kleine Ordensschwestern oder Mitglieder einer avantgardistischen Tanztruppe.

Später erfahren wir, dass Nowrose Rektorin dieser muslimischen Mädchenschule ist, an der, nebst Englisch und Informatik, auch Fächer wie «Moralische Unterweisung» unterrichtet werden. Natürlich wusste ich, dass meine Verwandten Muslime sind, hatte mir aber bisher wenig Gedanken darüber gemacht, wie religiös sie waren. Babu wirkte auf jeden Fall nicht wie ein gottesfürchtiger Eiferer. Die Familie von Nowrose konnte ich nicht einschätzen. Als ich im Hotel all die verhüllten Frauen mit ihren langen, schwarzen Gewändern auf mich zuwallen sah, erschrak ich ein wenig. Eine lächerliche Reaktion einerseits, schließlich mache ich mir beim Anblick eines Kruzifixes auch nicht in die Hose. Eine aufrichtige Reaktion anderseits, die zeigt, wie suspekt die Insignien des Islams einem Westler mittlerweile sind.

Tschador hin oder her: Nowrose entpuppt sich als der unangefochtene Boss im Haus. Sie verteilt unsere Mitbringsel, übersetzt für ihre Mutter, begleicht später im Teehaus die Rechnung, beantwortet unsere Fragen, auch jene, die an andere Familienmitglieder gerichtet sind. Ihre Brüder halten sich die ganze Zeit im Hintergrund, lächeln selig und wagen es kaum, mich, geschweige denn Silvia, anzusprechen. Dies erscheint mir umso erstaunlicher, hatte ich doch von Babu erfahren, dass Nowrose aufgrund «ehelicher Probleme» seit kurzem wieder bei ihrer Mutter lebt und eine Trennung in Erwägung zieht. Doch dafür bräuchte die bald vierzigjährige Schuldirektorin das Einverständnis ihrer Familie.

Silvia und ich beraten, was wir als Nächstes tun wollen. Mit einer Motor-Rikscha zum Strand fahren? Zurück ins Hotel, um uns endlich hinzulegen? «Come, come!» So plötzlich, wie er verschwunden ist, steht Babu wieder da und dirigiert uns in das Zimmer mit den beiden lindgrünen Plastikstühlen. Dort werden wir von einem bärtigen, alterslosen Mann empfangen, der schwer nach Mekka aussieht. «Salam, brother», sagt der Mann fromm lächelnd und streckt mir seine Hände entgegen. Nach einer kurzen Pause ergänzt er feierlich: «Ihr seid heute meine Gäste.»

Betont höflich, wie es sich bei Begegnungen mit Menschen aus einem fremden Kulturkreis gehört, bedanke ich mich für die nette Einladung, über die wir uns sehr freuen, und die anzunehmen uns eine Ehre wäre, allerdings, das werde er sicher verstehen, sei unser Programm in Indien im Allgemeinen und hier in Chennai im Besonderen derart dicht gedrängt, dass wir noch nicht sagen könnten, ob es bereits diesmal oder allenfalls doch erst bei unserem nächsten, mit Bestimmtheit in Bälde erfolgenden Besuch klappen werde.

«*Only short visit*», mischt sich Babu etwas kleinlaut ein. Ich finde, dass es an der Zeit ist, erstmals seit unserer Ankunft auf dem indischen Subkontinent meinen Willen durchzusetzen. Ich schaue Babu streng an und will ihm mit einem dezidierten «nein, wir wollen zum Strand» widersprechen. Irgendwie versandet aber mein Vorhaben, da gleichzeitig der vierjährige Sohn von Nowrose einen dramatischen Säbelkampf mit dem lindgrünen Plastikstuhldrachen austrägt, meine Tante vor Rührung über meinen Besuch erneut zu heulen beginnt, zwei temperamentvolle Frauen auf Babu einreden, während Babu auf den Frommen einredet und ein kichernder Teenagerjunge mir mondkratergroße Löcher in den Bauch fragt: «Wieheißtduwoherkommstduwievielekinderhastduwiegefälltdirindienkannichdeinhandysehen?»

«*Let's go*», sagt Babu jovial und geleitet mich zur Tür hinaus, als ob wir uns über den weiteren Verlauf des Tages vollkommen einig wären. Mit einigem Aufwand finde ich heraus, dass uns Nowrose ihre Schule zeigen möchte. Immerhin, die Einladung bei dem Frommen scheint vom Tisch. Auf dem kurzen Weg machen wir Zwischenhalt bei zwei weiteren Verwandten. Oder «Verwandten». Wer will das schon wissen. In den beiden letzten Stunden wurden mir einfach zu viele Leute vorgestellt, als dass ich noch den Ehrgeiz besäße, mir jedes Mal zu merken, um wen es sich genau handelt. Ein Fehler, wie sich zeigen wird. Die Kurzbesuche bedeuten, dass ich meine Sandalen innerhalb von zwanzig Minuten viermal an- und ausziehe. Beim Betreten einer Wohnung aus und beim Verlassen wieder an. Ich nehme mir vor, meine europäischen Qualitätssandalen mit ihrem elaborierten Riemensystem bei nächster Gelegenheit durch *Chappals*, die indische Version der Flipflops, zu ersetzen.

In der Mädchenschule stellt uns Nowrose ihre Stellvertreterin vor. Als ich ihr die Hand schütteln will, weicht sie erschrocken zurück. Habe ich soeben einen interkulturellen Fauxpas begangen? Babu würde darauf bestimmt antworten: «Gern geschehen, *no problem*.» Auf den Gängen begegnen wir einer Gruppe Schülerinnen, die uns anstarren, als seien wir grüne Männchen mit blinkenden Ohren. Das wird uns im Verlauf der Reise noch einige Male passieren, und irgendwann realisiere ich: Quell der Faszination bin natürlich nicht primär ich, sondern Silvia. Dieses fabelhafte Wesen mit dem langen blonden Haar und den gertenschlanken einhundertundsiebzig Zentimetern, dank deren sie viele Einheimische, Frauen wie Männer, überragt. In einem der oberen Stockwerke zeigt uns Nowrose einen düsteren Raum, in dem schäbige Tische mit eingelassenen Spülbecken lagern. Es sieht hier ein wenig aus wie auf vergilbten Schwarzweißaufnahmen aus der Zeit des Ersten Weltkriegs. Müsste ich raten, würde ich sagen, dies ist die Rumpelkammer der Schule. «Unser Chemielabor», sagt Nowrose voller Stolz. – Da war es wieder, mein schlechtes Gewissen: Du meine Güte, in was für einem weltfremden Wohlstand ich doch lebe!

Auf dem Rückweg lasse ich Babu wissen, dass ich mich noch rasch von meiner Tante verabschieden möchte, bevor Silvia und ich zum Strand fahren.

«*No problem*.»

Einen Moment lang frage ich mich, ob wir nicht in die verkehrte Richtung gehen. Da mein Orientierungssinn unübertroffen schlecht ist, mache ich mir keine weiteren Gedanken. «*Come, come!*» Babu hetzt die Treppe hoch, die mir diesmal viel breiter vorkommt, kickt vor dem Wohnungseingang seine Chappals in eine Ecke und tritt ein, während ich an den Riemen meiner Qualitätssandalen herumnestle. Als ich hochblicke, steht der Fromme vor mir. «Willkommen in meinem Heim.»

Wir werden in einen luftigen Raum geführt, der größer und besser ausgestattet ist als die Wohnung meiner Tante. Dort sitzen weitere fromm aussehende Männer, die offenbar gekommen sind, um ihren *brother* und dessen Konkubine zu besichtigen. Diesmal ist es Silvia, die den interkulturellen Händeschüttel-Fauxpas begeht. Babu ist verschwunden, und Nowrose wurde in der Schule aufgehalten, sodass mir die reizvolle Aufgabe zukommt, eine Unterhaltung mit neugierigen, aber nahezu kein Englisch sprechenden Südindern in Gang zu halten. Ich bestätige, dass *Swiserlend* ein Land ist (*«country, yes»*), dass dort ebenfalls Reis gegessen wird (*«rice, yes»*), wenngleich eher nicht zum Frühstück (*«breakfast: no rice»*), dass Las Vegas in den USA liegt (*«yes»*) und Pepsi ein ausgezeichnetes Getränk ist (*«Pepsi, yes, very good»*). Ich verneine, dass Silvias Eltern in meinem Haus leben (*«different house»*), kann aber bestätigen, dass es sich um Christen handelt.

Silvia scheint der Unterhaltung nicht mit letzter Aufmerksamkeit zu folgen. Ihr Gesichtsausdruck ist einfach zu deuten: Diese Frau wird von einer düsteren Vorahnung heimgesucht. Leider zu Recht. 150 Minuten nach dem vermeintlichen Frühstück und 120 Minuten nach dem mehrgängigen Curryepos werden wir an einen mit Gerichten zugepflasterten Tisch gesetzt. «*Now you take lunch!*» Wiederum essen wir ganz allein zu zweit, diesmal ohne Publikum. Unser Appetit wird dadurch nicht größer. Obwohl das *Chicken Curry*, wie wir der Köchin mehrfach versichern, vorzüglich schmeckt, ebenso der Reis, insbesondere der Butterreis, aber auch der Gemüsereis und der Reiseintopf und nicht zu vergessen der exzellente Fisch («Was für Fisch ist das eigentlich?» Antwort: «*Very good fish!*»).

Endlich. Babu taucht auf und spricht die erlösenden Worte: «Ihr möget euch nun zur Ruhe legen.»

Kurz vor Sonnenuntergang schaffen wir es doch noch an den Strand. Nowrose, ihre selig lächelnden Brüder und Babu sind gleich mitgekommen. Den Mückenspray, den man um diese Tageszeit unbedingt auftragen sollte, haben wir im Hotel vergessen, das wir bekanntlich vor vielen Stunden überstürzt verlassen mussten. Dabei warnt selbst unser distinguierter Indien-Kulturführer, der «Land und Leute» ansonsten mit der Emotionalität einer Gouvernante beschreibt, Madras sei «eine Malaria-Hochburg» und generell eine der «ungesündesten Städte der Erde».

Nun, gefährlicher als der Verkehr können die Mücken auch nicht sein. Außerdem ist unsere Sehnsucht nach Bewegung, nach möglichst viel Bewegung, einfach überwältigend. Also riskieren wir einen Spaziergang im unbesprühten Zustand entlang der Marina Beach, des zweitlängsten Sandstrands der Welt (welches der längste ist, vermag niemand zu sagen). Danach geht es endlich zurück in unser Juwel von Hotel.

Nach dreizehn Stunden Indien bin ich bereits ferienreif und fest entschlossen, eine Verwandtenpause von mindestens einem Tag einzulegen. Die Aussicht auf eine kühle Dusche, ein bisschen Zweisamkeit und ein gutes Buch hebt meine Stimmung. Ich verabschiede mich aufs freundlichste von Babu, der darauf bestand, den langen Weg mit uns zurückzufahren, und bedanke mich für all seine Dienste. «Nicht der Rede wert», grinst er und ergänzt gönnerhaft: «Geht jetzt ungeniert auf euer Zimmer. Unser Zug fährt erst in drei Stunden. Ich hole euch ab.»

«Was hast du gesagt, Babu?»

«*No problem.*»

«Von was für einem Zug sprichst du da?»

«Liegeabteil, klimatisiert.»

«Wer fährt wann wohin, Babu? Ich will sofort eine exakte Auskunft.»

«Keine Sorge. Ich sitze gleich im Wagen neben euch. 2. Klasse, nicht klimatisiert.»

Silvia, deren Englisch Babu aus mir unerfindlichen Gründen besser versteht, findet heraus, dass er Fahrkarten für den Nachtexpress nach Madurai gekauft hat, der letzten größeren Stadt «im tiefen Süden», wie es in unserem Kulturführer heißt. Dass wir zwei Tage in Madras bleiben wollten, davon hat er angeblich nichts mitbekommen. Er zeigt auf sein Handy, das am Strand ohne Unterlass geblinkt und gesurrt hatte, und sagt: «Im Dorf sind sie unruhig. Alle warten begierig auf eure Ankunft. Ich bitte um Verständnis.»

Nein, wir haben kein Verständnis. Wir haben weder die Energie noch die Nerven, noch Lust, Verständnis dafür zu zeigen, dass man uns seit dem frühen Morgen in Tee ersäufen, in die Besinnungslosigkeit mästen und unsere Pläne hintertreiben möchte. Babu macht ein herzerweichend unglückliches Gesicht. Silvia knickt als Erste ein. «Die Fahrkarten waren bestimmt teuer», murmelt sie auf Deutsch. Ich will etwas Ungehaltenes erwidern, aber Babu scheint zu spüren, dass seine Chance gekommen ist. «Keine Sorge, es ist ein sehr komfortabler Zug!»

«Und wie lange, Babu, dauert die Fahrt in diesem sehr komfortablen Zug?»

«Zehn Stunden, *no problem.*»

«Wie lange?»

«Liegeabteil, klimatisiert, *no problem.*»

Babu schleppt unsere beiden Koffer die steile Treppe zum Bahnsteig hinunter. Zwanzig Kilo in der linken, zwanzig Kilo in der rechten Hand. (Oder nach Geschlechtern aufgeschlüsselt: zehn Kilo von mir, dreißig von Silvia.) Wir folgen ihm peinlich berührt. Auf dem Bahnhofsplatz, in einem Meer von hupenden Autorikschas, fliegenden Händlern und drängelnden Passanten, hatten wir ihm zu erklären versucht, dass es nicht nötig sei, für uns den Kuli zu spielen. Er klammerte sich bloß an die Griffe unserer Koffer, als seien wir im Begriff, ihm sein Hab und Gut zu entreißen. *«Come, come!»* In erstaunlichem Tempo steuert der beladene Babu auf eine Menschenansammlung am Ende des Bahnsteigs zu. Als Erstes erkenne ich Nowrose, dann einen ihrer selig lächelnden Brüder. Dieser eilt uns entgegen, um mich von der Bürde eines schätzungsweise 900 Gramm schweren Rucksacks zu befreien.

Insgesamt besteht unser Abschiedskomitee aus gut einem Dutzend Personen, und ich stelle fest: Zwar verlief der erste Tag mit meinen Verwandten reichlich aufreibend, manchmal auch nervig. Dennoch sind sie mir bereits ein bisschen ans Herz gewachsen. Ich wäre fast ein wenig enttäuscht gewesen, wäre die Weiterfahrt so ganz ohne tumultuöse Verabschiedungsszenen über die Bühne gegangen. Eine Frau mittleren Alters, die bei unserem Frühstück zu den Zuschauerinnen gehört hatte, umarmt mich heulend. Einer der Frommen meldet seinen baldigen Besuch in Zürich an *(«I come visit»)*. Der Teenager, der mir Löcher in den Bauch gefragt hatte, bittet mich um ein Autogramm. Nowrose drückt Babu drei Blechnäpfe in die Hand – unser Reise- beziehungsweise Reis-Proviant. Meine Cousins und Cousinen schenken mir einen Ring aus indischem Gold. Ein rührendes und wohl auch teures Geschenk, das aber einige Tage später einen Tiefpunkt meiner Reise markieren sollte.

Silvia erhält ebenfalls einen Ring, zudem ein halbes Dutzend Armreife, Haarbänder und eine Halskette. Für uns beide gedacht ist eine Zuckerdose mit zwei aufgeklebten Plastikfiguren, die ein Brautpaar darstellen. Wir verstehen die Anspielung auf Anhieb. Kurz bevor der Zug losfährt, nimmt meine Tante Silvia zur Seite und spricht mit großem Ernst zu ihr: Jetzt, wo ich keine Eltern mehr hätte, müsse sie versprechen, sich bis ans Ende ihrer Tage um mich zu kümmern.

Nachdem Babu unsere Koffer sicher verstaut hat, zieht er sich mit der Würde eines Butlers in sein Abteil zurück, 2. Klasse, nicht klimatisiert. Unser Sitznachbar, ein hellhäutiger Inder mit Aktenkoffer, glänzenden Lackschuhen und blütenweißem Hemd, nimmt's mit Befriedigung zur Kenntnis und lächelt uns fraternisierend zu. Silvia und mir ist die Szene natürlich unangenehm. Dass wir beide unser «Um diese Kleider ist es nicht schade»-Outfit tragen, macht die Sache nicht besser. Dass mich der Schaffner trotzdem «Sir» nennt und Silvia «Madam», auch nicht. Wenn ich als Kind mit meinen Eltern nach Italien oder Frankreich fuhr, kam es immer wieder vor, dass mein Vater am Zoll gründlicher als alle anderen kontrolliert wurde, Anzug hin, Krawatte her. Bei mir selbst war es nicht viel anders, wenn ich im Interrail-Alter als langhaariger, leicht exotisch ausschauender Teenager grimmigen Blickes darauf wartete, dass mich die Grenzbullen einmal mehr filzen würden. Im Zug nach Madurai merke ich: Das Umgekehrte – respektvoll behandelt zu werden, nur weil man ein bisschen bleicher ist als die anderen – ist auch nicht toll.

Während der Zug im rhythmischen Bummeltempo gegen Süden rattert und die Klimaanlage mir eine arktische Brise ins Gesicht bläst, blättere ich in einer Broschüre zu den indischen Eisenbahnen. Mit anderthalb Millionen Angestellten der größte Arbeitgeber weltweit, ein Streckennetz von 63 327 Kilometern, achtzehn Millionen Passagiere täglich. Die Fahrt mit dem Himsagar Express von der Hauptstadt Neu-Delhi zum Südkap Indiens dauert 58 Stunden und führt über eine Distanz von mehr als 3000 Kilometern. Soweit ich verstanden habe, kennen die indischen Eisenbahnen sieben verschiedene Klassen. Wir reisen in der zweithöchsten, wobei es in diesem Zug gar keine höhere gibt. Für den Erwerb von Fahrkarten gibt es 69 (in Worten: neunundsechzig) Kategorien rabattberechtigter Personen. Zum Beispiel Zirkusartisten, Leprakranke, Polospieler, Kriegswitwen. Unser unvergünstigtes Ticket für die zehnstündige Fahrt kostet 12 Euro. Zu viel für Babu, der als Handelslehrer gut 100 Euro im Monat verdient.

Eine Stunde nach Sonnenaufgang nähern wir uns Madurai. Babu hat sich zu uns ins Abteil gesetzt, wofür er einen missbilligenden Blick des Aktenkofferheinis erntet. Einen Moment lang trage ich mich mit dem Gedanken, diesem in betont gepflegtem Englisch zuzunäseln: «Darf ich vorstellen? Mein

Cousin.» Aber nach der zweiten Nacht in Folge nahezu ohne Schlaf bin ich dazu nicht in der Verfassung. Babu hingegen, tadellos gekämmt, das Hemd unzerknittert, sieht aus, als sei er soeben von einem Wellnessurlaub in den österreichischen Alpen zurückgekehrt. Fast auf die Minute pünktlich fahren wir im Bahnhof ein. Ich bin erstaunt und erwähne es beim Aussteigen Babu gegenüber anerkennend. Ziemlich überheblich, eigentlich. Warum sollte ein Land, das jährlich zwei Millionen Hochschulabsolventen hervorbringt, nicht imstande sein, Zugfahrpläne einzuhalten?

Silvia und ich haben die lange Nacht genutzt, um einen Schlachtplan für den heutigen Tag zu entwerfen. Unser Ziel: vor der Weiterreise mindestens vierundzwanzig Stunden in Madurai zu verbringen. Immerhin ist die Millionenstadt ein religiöses Zentrum für Hindus und zählt zu den spektakulärsten Touristenzielen Südindiens. Wenn wir schon in der Gegend sind, könnte man sich ja den einen oder anderen Tempel ansehen. Und ausschlafen.

Unser Schachzug: Diesmal würden *wir* Babu vor vollendete Tatsachen stellen. Noch während der Zugfahrt hatten wir übers Mobiltelefon zwei Zimmer im Best Western reserviert, eins für uns, eins für ihn. *«Come, come!»* Babu will bereits wieder mit unseren Koffern loseilen, doch ich stelle mich ihm in den Weg. Er macht ein verblüfftes Gesicht und erklärt in dem sanften Tonfall, den er vermutlich auch für begriffsstutzige Schüler verwendet, dass wir möglichst rasch weiter zur Busstation müssten – «damit wir rechtzeitig im Dorf ankommen».

«Wir möchten aber hier übernachten. Die Zimmer sind schon gebucht. Schau, das ist die Adresse des Hotels.»

«No problem.»

Es dauert einen Moment, bis wir realisieren, dass er uns tatsächlich gewähren lässt. Widerstandslos und augenblicklich. Mit der Zeit wird sich herausstellen: Es ist gar nicht so schwierig, Babu zum Einlenken zu bewegen. Herauszufinden, was er wirklich denkt, hingegen schon. Mit Fragen wie «Was wäre denn *dir* lieber?» oder «Kannst du das nachvollziehen?» oder «Mal ehrlich, haben wir uns jetzt danebenbenommen?» kann er nicht viel anfangen. Selbst gegen Ende der Reise, als die gegenseitige Zuneigung und Vertrautheit immer größer werden, bleibt er oft bei floskelhaften Standardantworten. «Meine Aufgabe ist es, euch glücklich zu machen.» – «Eure Präsenz ist Dank genug.» – Und immer wieder: «*no problem*». Der förmliche Ton und die devote Haltung, als wäre ich ein hoher Würdenträger, machen es bisweilen schwierig, in ihm einen nahen Verwandten zu erkennen.

Manchmal aber scheinen wir einander gar nicht so fremd. Babu ist gebildet, witzig, säkularisiert, verfügt über einen Internetanschluss und dasselbe Mobiltelefon wie ich (vor dem Handy sind alle gleich). In den guten Momenten, etwa wenn er, den Kopf leicht eingezogen, einen Scherz über meinen bleichen Teint riskiert oder uns konzise ein regionalpolitisches Problem erklärt, leben wir durchaus auf demselben Planeten.

Wie naiv zu glauben, Babu würde sich von uns ein Hotelzimmer zahlen lassen. Dazu noch eins, das pro Nacht fast so viel kostet, wie er im Monat verdient. Wo doch schon der Versuch, ihm während der Zugfahrt eine Tasse Tee zu spendieren, scheiterte. Oder genauer: ihn zu einem derart entsetzten «Nein, ihr seid doch meine Gäste!» veranlasste, als bereite ihm allein der Gedanke höchste physische Qualen. Babu spricht vage von «Bekannten», bei denen er unterkommen will. Er steigt in eine

41

Auto-Rikscha und kündigt an, dass er «um die Mittagszeit» in unserem Hotel vorbeischauen werde. Wir betreten den dezent klimatisierten Speisesaal und gönnen uns ein englisches Frühstück mit Toast, Spiegelei und Orangenmarmelade.

Als ich danach an der Rezeption den Zimmerschlüssel holen will, falle ich fast in Ohnmacht. Vor mir steht ein etwa siebzigjähriger Mann. Auffallend dunkel, hohe Stirn, Hornbrille, weiße Koteletten. Im ersten Moment glaube ich, meinen Vater vor mir zu sehen. Nie zuvor war ich jemandem begegnet, von dem ich fand, er sehe ihm ähnlich. Ob mir dies in Srivaikuntam noch öfters passieren würde? Ich sehnte mich danach und fürchtete mich gleichzeitig davor. Fürchten, weil es natürlich schmerzhaft ist, auf eine so konkrete, physische Art an den verstorbenen Vater erinnert zu werden. Sehnen, weil ich hoffte, etwas von ihm in anderen Südindern zu erkennen und wiederzufinden.

Ein törichter Gedanke, angesichts der knapp hundert Millionen Einwohner in den beiden Bundesstaaten Tamil Nadu und Kerala. Aber auch ein nachvollziehbarer Gedanke: Mein Vater war eine ziemlich singuläre Erscheinung. Die Hautfarbe eines Afrikaners, die Lebhaftigkeit eines Griechen, den Pedantismus eines preußischen Beamten, die Pfeife eines englischen Landadeligen und das Béret eines provenzalischen *Pétanque*-Spielers. So einen bekam man in Mitteleuropa selten zu Gesicht, zumindest bis weit in die achtziger Jahre hinein. Ob daheim im braven Zürich, in den Sommerferien an der Adria, bei der Schwägerin im ländlichen Frankreich oder auf einer gemäß seinem damals neunjährigen Sohn sterbenslangweiligen Exkursion nach Bonn (Beethovenhaus): Wir fielen auf. Wir fielen auf, weil er auffiel. Und er fiel auf, weil es weit und breit keinen gab, der so war wie er. Unter diesen Umständen kann eine äußere Ähnlichkeit viel bedeuten.

Nach einigen Stunden komatösen Schlafs machen wir uns für die Tempeltour bereit. Besonders freuen wir uns auf die beiden Papageien im famosen Minakshi-Tempel, die darauf trainiert sind, den Namen der gleichnamigen Göttin auszusprechen. Und natürlich auf den Tempelelefanten, der einen gegen ein kleines Entgelt durch eine Berührung mit seinem Rüssel segnet. Babu wird selbstverständlich mitkommen. Dass Silvia und ich auch nur fünf unbewachte Schritte machen, liegt für ihn jenseits des Vorstellbaren.

Ist er gestern mehrere Stunden zu früh im Hotel erschienen, verspätet er sich heute um über eine Stunde. Dafür kommt er in Begleitung. Sein Gefährte trägt einen sorgfältig gestutzten Bart und ein *Topi*, eines jener weißen Käppchen aus Baumwolle, wie sie hier von guten Muslimen getragen werden. Mitten auf der Stirn prangt ein Hautfleck. Ein heller, kreisrunder Punkt, den Orts- und Religionsunkundige wie ich schnell einmal für ein hinduistisches Zeichen halten könnten.

«Salam, *brother*.»

«Freut mich außerordentlich, Sie kennenzulernen.»

Der älteste Bruder des Ehemannes meiner Cousine oder so ähnlich, nuschelt Babu, dem die Situation unangenehm zu sein scheint. Mit großer Geste erklärt der Mann, dass er uns ganz Madurai zeigen werde. Später. Zuerst aber möchte er uns in seinem Haus zu einem kleinen Mahl willkommen heißen. «Nur für ein Stündchen», beschwichtigt Babu, der meine Gedanken erraten hat.

Auf der Fahrt legen wir diverse Zwischenhalte ein. Wir trinken Tee im Gemischtwarenladen eines «Verwandten», wir schauen in einem Ersatzteillager für Elektrogeräte vorbei, das einem «engen Freund» meines Vaters gehört, und wir lassen uns vom Mann mit dem Stirnmal in dessen Manufaktur für Sicherungskästen herumführen. Hauptzweck der Betriebsbesichtigung scheint, die vorwiegend minderjährigen Akkordarbeiterinnen mit den Besuchern aus Europa zu beeindrucken.

Meine Laune hält sich in Grenzen. Aus dem «Stündchen» sind bereits zwei geworden. Die Straßen sind noch staubiger, der Verkehr noch irrer als in Madras, und die Sonne fräst ein Loch in meine Schädeldecke. In einer vollkommen überfüllten Markthalle waten wir durch knöcheltiefen Morast. Über unseren Köpfen flattern Krähen, die unheimliche Laute von sich geben. Worauf habe ich mich nur eingelassen? Wenn mein Vater mich sähe! Wieder draußen, machen wir uns auf die Suche nicht nach einem Hindutempel, sondern nach einer Apotheke für Silvia – zweifelsohne das erste Mal in der Geschichte Indiens, dass hier eine Touristin nicht an Diarrhö, sondern an Verstopfung leidet.

Zwei Stockwerke, geräumige Zimmer, gekachelte Böden, Ventilatoren und ein überdimensionierter Sony-Fernseher: Der Mann mit dem Stirnmal muss ungleich wohlhabender sein als die Familie von Nowrose. Er bringt mich in einen Raum mit Sitzkissen, wo ich vier Bärtigen vorgestellt werde, die mich erwartungsfroh anglupschen. Die Szene erinnert an den Besuch bei dem Frommen in Madras. Nur dass Silvia diesmal keine Gelegenheit hat, den Händelschüttel-Fauxpas zu begehen, da sie direkt in das Frauenzimmer eskortiert wird.

Unsere Männerrunde lässt sich derweil süßen Chai, indischen Tee, servieren. Ich nippe an meiner Tasse, die anderen schlürfen das Getränk, wie in Indien üblich, aus der Untertasse. Man mustert mich; gemütlich ist anders. Irgendwann erfahre ich, dass wir uns gar nicht im Heim des Mannes mit dem Stirnmal befinden, sondern in dem seines Schwagers. Das hier hat also definitiv nichts mehr mit meinen Verwandten zu tun. Ich komme mir vor wie ein unvorsichtiger Schwimmer, der sich zu sehr vom Ufer entfernt hat und von den Wellen immer weiter ins Meer hinausgespült wird.

Die Fragestunde verläuft direkter als in Madras. Wie viele Moscheen es in meiner Stadt gebe. Ob ich einen Koran besitze. Wie oft ich beten würde. «Und die Juden, sind sie mächtig bei euch?», fragt der Jüngste, dessen Bärtchen flauschig ist wie ein frischgeschlüpftes Küken. «Bruder, hast du viele muslimische Freunde?», will ein anderer wissen. «Merkwürdig. Du bist Muslim und kennst keine Muslime.» Er lächelt versonnen und drückt mir einen Koran in die Hand sowie die Schrift *Das Licht des Islam* eines Muhammad Ali Alkhuli.

Babu blickt betont unbeteiligt zum Fenster hinaus. Ich aber werde wütend. Welche Anmaßung, welche Selbstherrlichkeit. Ich kenne diese Leute nicht und bin erst seit wenigen Minuten in ihrem Haus. Ich war so freundlich, ihre Einladung anzunehmen, Silvia tut ihr Bestes, sich den hiesigen Regeln und Gepflogenheiten anzupassen. Was würden die Männer wohl sagen, wenn ich hier die Frohe Botschaft verteilte oder Belehrungen zur Gleichstellung von Frau und Mann zum Besten gäbe?

Am nächsten Morgen sind die Bärtigen schon fast vergessen. Wir sitzen im Bus nach Tirunelveli, einer vor Srivaikuntam gelegenen Provinzstadt. (400 000 Einwohner und eine zweitausendjährige Geschichte, immerhin.) Babu ist guter Dinge. Er lobt mich für meine diplomatischen Antworten in Madurai («genau so hätte es dein Vater auch gemacht») und verschickt reihenweise Textnachrichten, die von unserer baldigen Ankunft künden. Ich bin in einer eigenartigen Stimmung: Vorfreude, Unruhe, ein wenig Angst und eine vage Sehnsucht – dieselbe Sehnsucht, die mich daheim im Bad überwältigte, als ich beschloss, nach Indien zu reisen. *Sri Vaikuntam.* Paradiesischer Ort. Das Geburtsdorf meines Vaters.

Nach Rikscha und Automobil ist der Bus das dritte Straßengefährt, das ich auf unserer Reise näher kennenlernen darf. Jedes hat seinen Reiz. Rikschas zum Beispiel eignen sich vortrefflich für Menschen mit einem Interesse an Nahtoderfahrungen. So ein indischer Autobus hingegen ist eher etwas für den Typ Rambo, der es gewohnt ist, alles niederzumähen, was sich ihm in den Weg stellt. Noch nie wurde mir derart unmittelbar vorgeführt, was das Recht des Stärkeren bedeutet. Fahrradfahrer, Gehbehinderte, Schulkinder, herumtollende Geißlein: Wenn unser Bus durch ein Dorf berserkt, dann springt Mensch und Tier in Sicherheit. Besteht in den meisten Ländern die Vorfahrtsregel «rechts vor links», so heißt es hier: König ist, wer von hinten herangebraust kommt.

Für mein ängstliches Gemüt ist keines dieser Fortbewegungsmittel ideal. Am ehesten natürlich der Autobus, da dieser – Darwin lächelt – lediglich das Leben anderer gefährdet und nicht meins. Wenn man davon absieht, dass unser *State Express Coach*, immer wenn er über ein Schlagloch fährt, einen derart heftigen Hupfer produziert, dass ich jedes Mal mit dem Kopf gegen das niedrige Dach donnere.

Babu schläft tief. Auch Silvia macht einen gelösteren Eindruck als gestern. Vielleicht ist sie zuversichtlich, dass die vielen Erschütterungen ihre Verdauung anregen.

Während der Bus seinem Ziel entgegenrumpelt, denke ich an Anwar und seine Frau, die wir am Vorabend kennengelernt haben. Zuerst hatten Silvia und ich uns gegen den Besuch gesträubt. Wir waren müde von der Tempeltour, und Babus Argument, die Fahrt zu den beiden führe durch eine «landschaftlich reizvolle Gegend», vermochte uns nicht in dem von ihm erhofften Maß zu überzeugen. Aber er insistierte ungewohnt energisch. Zunächst vermutete ich eine Retourkutsche für unsere List mit der Hotelreservierung. Bald aber merkte ich, dass ihm viel an dem Abstecher lag. Zudem konnte er mir glaubhaft machen, dass Anwar – nicht anders als Babu selbst – ein echter Cousin von mir war.

Anwar lebte in einer hügeligen Region im Westen Madurais, wo er als Wildhüter arbeitete. Auch in Europa sind Waldhütten meist von bescheidenem Komfort. Dies hier war das indische Pendant und entsprach in etwa dem, was ich mir unter einer armseligen Behausung vorstellte. Das fahle Licht der Petroleumlampe, der modrige Geruch und die freudlosen Gesichter der Gastgeber verstärkten den tristen Eindruck. Babus Worte, mit denen er uns die beiden vorstellte, lauteten in etwa so: «Das ist dein Cousin Anwar und seine Frau. Die beiden haben kürzlich ihren einzigen Sohn verloren.»

In Srivaikuntam sollte ich noch öfter mit dieser verbalen Unverblümtheit konfrontiert werden. In gewisser Weise hatte ich sie bereits im Haus der Bärtigen kennengelernt, als diese mir mit ihrer impertinenten Fragerei auf die Nerven gingen. Anwar und seine Frau hingegen wirkten nicht so, als mache es ihnen etwas aus, dass Babu ihren tragischen Verlust hinausposaunt hatte. Sie schienen im Gegenteil dankbar für unsere Nachfragen und Beileidsbekundungen.

In der von Trauer imprägnierten Waldhütte verstand ich, dass es nicht immer Taktlosigkeit war, die hinter so viel Indiskretion steckte. Sondern manchmal auch die Überzeugung, dass Freud und Leid geteilt gehörten – eine Art gelebter Kommunismus der Gefühle. Der im Westen hochgehaltene Gedanke der Privatsphäre ist für Inder oft nicht mehr als ein Synonym für Einsamkeit.

Nach zwei, drei oder vier Stunden Fahrt – ich habe das Zeitgefühl verloren – hält der Bus vor einem verwitterten Unterstand aus Beton. Staubige Straßen, ausgetrocknete Böden, flimmernde Luft, Menschenleere. Würden Winnetou und Old Shatterhand vorbeireiten, meine Verblüffung hielte sich in Grenzen. «*Come, come!*» Babu ist hochgeschreckt und schubst uns ins Freie.

«Unsere Koffer!»

«*No problem.*»

«Unsere Koffer sind noch im Bus!»

«*No problem*, schau.»

Tatsächlich. Auf wundersame Weise ist unser Gepäck bereits in den Kofferraum eines Autos gelangt, das auf ebenso wundersame Weise aus den Tiefen der Prärie aufgetaucht ist.

Wir fahren hupend davon. Der Fahrer, erklärt Babu, werde Silvia und mir «während unseres gesamten Aufenthalts rund um die Uhr» zur Verfügung stehen. «Und darf ich vorstellen: Mister Yusuf.» Ein hagerer Mann, Mitte sechzig, in einem weißen Männerrock dreht sich um und sagt schüchtern: «*Hello.*»

Nach einigen Kilometern ändert sich die Landschaft. Wir durchqueren jetzt eine Welt aus üppigem Grün: sattgrüne Reisfelder, zitronengrüne Bananenstauden, leuchtend grüne Palmen. Ob mein Vater als kleiner Junge diese Straße entlanggelaufen ist? Eigenartig. Ich habe mir die Umgebung, in der er aufgewachsen ist, immer karg, schattenlos, steppenartig vorgestellt. Irgendwann öffnet sich der Blick, und wir nähern uns einer baufälligen Brücke, die über ein sumpfiges Flussbett führt. Am anderen Ende fahren wir über eine abenteuerlich schräge Rampe in ein Dorf. Oder genauer: in eine Mischung aus Bauernweiler und geschäftiger Kleinstadt. Unasphaltierte Straßen, ärmliche Hütten, Ziegen, Kühe, Hühner, kaum Autos. Aber auch viele Läden, ein Tempel, ein großes Schulhaus und überall Menschen. – Srivaikuntam. Paradiesischer Ort.

Vor einer weißen Mauer biegt unser Wagen in eine Nebenstraße, die reinlicher und weniger betriebsam ist. Wir halten vor einem einstöckigen Steinhaus, Babu springt hinaus und sagt: «Willkommen in meinem Heim.»

Als ich den Türvorhang zur Seite schiebe, trete ich in ein vollgepferchtes Zimmer. Ein kollektiver Seufzer durchfährt den Raum. Alle reden gleichzeitig, nicht laut, sondern fast ehrfürchtig wispernd. Babu macht Platz für eine alte, verschrumpelte Frau, die auf mich zueilt. Sie legt ihren Kopf an meine Brust und weint. Dann schaut sie zu mir empor, ihre Lippen zittern. Mit einer lieblichen, fast kindlichen Stimme redet sie auf mich ein. «Das ist Tante Ummul, die älteste Schwester deines Vaters.» – «Und was sagt sie?» – «Ich bin jetzt deine Mutter.»

Als seien Silvia und ich ein hochbetagtes Paar, werden eilends zwei Plastikstühle für uns herangeschoben. Ein Mädchen, das sehr, sehr glücklich ausschaut, serviert Chai, Samosas und Süßigkeiten. Wir kommen nicht dazu, den Imbiss zu verzehren (zum Glück, wie wir mittlerweile wissen). Kaum haben wir uns hingesetzt, defiliert das ganze Zimmer an uns vorbei: Cousin,

Cousin, Cousine, Tante, Cousine, Tante, Cousin, Babus Frau, seine drei Töchter, der Sohn von X, der Enkel von Y, ein Schulfreund meines Vaters, der Ehemann von Z, die Schwägerin des, die Schwiegereltern der, der Onkel eines. Und ständig treten neue Leute durch den Vorhang, lächeln uns unsicher zu oder lachen uns freudig an, reichen die Hand oder verneigen sich und setzen sich für einen Moment auf das Kunststoffsofa uns gegenüber – ein bemerkenswertes Ding mit pastellfarbener Sitzfläche und rotlackierten Rändern, dem wohl in einer anderen Welt als dieser hier das Prädikat «cool» oder «abgefahren» verliehen würde.

Ich bin noch keine sechzig Stunden in Indien. Aber in diesen sechzig Stunden habe ich drei der emotionaleren Momente meines Lebens erlebt. In der Hotellobby in Madras die erste Begegnung mit einer Schwester meines Vaters. Das schockartige Aufeinandertreffen mit seinem Doppelgänger in Madurai. Und natürlich der Augenblick, als Tante Ummul zu mir sagte, sie sei jetzt meine Mutter. Trotzdem finde ich, dass es nicht der Moment ist, um loszuheulen. Vielleicht, weil ich sonst nie mehr aufhören würde.

Babus Haus besteht aus einem spärlich eingerichteten Wohnzimmer im Erdgeschoss und einem Schlafbereich mit zwei Doppelbetten im Obergeschoss. Hinzu kommen ein Innenhof mit Küche und Feuerstelle sowie über dem Innenhof eine Galerie, die zum Duschkabäuschen und der Toilette führt. Für Silvia und mich wurde das gesamte obere Stockwerk in eine Art VIP-Zone umgewandelt. Babu, seine Frau, die drei Töchter, seine Mutter Kamarunisa sowie die zwei Nichten, die während unseres Aufenthalts in der Küche aushelfen, schlafen auf dem Wohnzimmerboden und benutzen das Bad im Haus nebenan.

Natürlich haben Silvia und ich ein schlechtes Gewissen. Vor allem die Vorstellung, dass eine siebzigjährige Frau – meine Tante Kamarunisa – wegen uns auf dem Boden schläft, ist gar nicht schön. Angesichts des sich abzeichnenden Dauertrubels sind wir aber auch froh über diesen Rückzugsraum – was unser schlechtes Gewissen, in bester katholischer Dialektik, nur noch größer macht. Es sollte noch einige Jahre dauern, bis ich mit dieser für Mitteleuropäer erdrückend bedingungslosen Gastfreundlichkeit einigermaßen entspannt umgehen konnte.

Wo bin ich? Über mir dreht sich ein Ventilator. Es ist unerträglich heiß. Durch den Schleier des Halbschlafs nehme ich einen ergreifenden, wehmütigen Gesang wahr. Ich drehe meinen Kopf zur Seite und blicke durch ein Moskitonetz auf die geöffnete Balkontür. Im Licht der Dämmerung schimmert ein schlanker weißer Turm. Ein Minarett. Der Muezzin ruft zum Morgengebet. Babu wohnt an der *Big Mosque Street*, der Straße der Großen Moschee. Daher also der Name.

Das winzige Muslimviertel in der mehrheitlich hinduistischen Ortschaft umfasst zwei Moscheen und sechs Straßen: Big Mosque Street, Middle Street, South Street, Little Mosque Street sowie zwei Quergassen. Die ärmlichen Häuser haben verbeulte Vordächer aus Blech. Entlang der *Middle Street* verläuft ein Abwasserkanal, etwa zweimal am Tag fällt der Strom aus. Wie sah es hier vor siebzig Jahren aus, als mein Vater ein kleiner Junge war? Und wie nur schafft man es von hier ans Imperial College in London, eine Kaderschmiede des britischen Weltreichs? Und: Welches war überhaupt sein Geburtshaus? Ich werde Babu heute bitten, es mir zu zeigen.

Im Wohnzimmer auf einem Plastikstuhl sitzen, mit Esswaren vollgestopft werden und Besucher empfangen, die uns erklären, wie glücklich sie unsere Anwesenheit macht und was für ein großartiger Mensch mein Vater war: so weit unsere Hauptbeschäftigung in Srivaikuntam. Zur Abwechslung auch mal: im Haus einer Tante auf einem Plastikstuhl sitzen, mit Esswaren vollgestopft werden und Besucher empfangen. Anfänglich nervten und ermüdeten mich die immer gleichen Fragen und Antworten, der immer gleiche Tagesverlauf, und ich war froh, dass Babu in weiser Voraussicht einige Ausflüge zu nahen Sehenswürdigkeiten eingeplant hatte.

Doch mit der Zeit verstand ich, wie viel den Besuchern die Begegnungen mit Silvia und mir bedeuteten. Einige nahmen mehrstündige Busfahrten in Kauf, nur um sich mit uns fotografieren zu lassen. Andere brachten sinnlose – und für ihre Verhältnisse sinnlos teure – Geschenke mit: einen vergoldeten Füllfederhalter aus China, ein viel zu großes Polohemd, hundert Prozent Baumwolle, ein elektrisches Aquarium mit Plastikfischen, fünf Kilo erlesene Früchte. Und dann gab es die Gastarbeiter, die aus Dubai oder Saudi-Arabien telefonierten, einfach um ein paar Worte mit mir zu wechseln: «Hallo, hier spricht der Gatte von. Ich bin glücklich, dass du gekommen bist. Und wie geht es Silvia?»

Auch die Dankesbekundungen an meinen Vater waren mehr als höfliche Phrasen. Eigentlich wenig überraschend, denn in einer Region, wo es keine zehntausend Euro kostet, ein Haus zu bauen, wo man für die Tasse Tee drei Cent zahlt und eine Verkäuferin fünfhundert Euro verdient (im Jahr), summierten sich die jahrzehntelangen Zuwendungen zu einem Vermögen. Dennoch beeindruckte mich die ebenso ungekünstelte wie pragmatische Dankbarkeit: «Guten Tag, das ist meine Tochter.

Dank deinem Vater kann sie aufs Gymnasium.» – «Dein Vater war für uns da; nun sind wir für dich da.»

Es ist nicht jedem gegeben, den koordinativen Anforderungen, die ein indisches Plumpsklo an seine Benutzer stellt, auf Anhieb gewachsen zu sein. Ich gerate beim ersten Mal ein wenig aus dem Gleichgewicht und will mich mit einer Hand am Boden abstützen. Ein leiser metallischer Ton erklingt – der Goldring, den ich von meinen Cousins in Madras bekommen habe und der mir ein wenig zu groß war, ist ins Abflussrohr gefallen. Nichts zu machen, eröffnet mir Babu, der seither ein Geheimnis mit mir teilt. Das Rohr führt in einen tiefen, unterirdischen Tank, der alle paar Jahre geleert wird.

Während des Mittagessens hoffe ich, dass niemand meine ringlose Hand bemerkt. Babu und Mister Yusuf – die Einzigen, die sich manchmal zu uns an den Tisch setzen – schaufeln Reis in sich hinein. Wie nahezu alle Inder, arm oder reich, essen sie mit der Hand. Tante Kamarunisa steht neben mir und stellt sicher, dass ich den Tellerboden nicht so bald zu Gesicht bekomme. Stolz zeigt sie auf das Besteck. Wegen uns habe sie sich erkundigt, übersetzt Babu, wo was hinkomme: links das Messer, rechts der Löffel und oben die Gabel.

«Kann ich das Haus sehen, in dem mein Vater aufgewachsen ist?» Babu fährt zusammen, Mister Yusuf schaut ihn fragend an. Babu wiederholt mein Anliegen auf Tamilisch. Mister Yusuf, ein zurückhaltender Mann mit der Contenance eines florentinischen Barons, erhebt sich vom Tisch und läuft gemessenen Schrittes zur Tür hinaus. Babu hingegen ist jetzt ein fuchtelndes Nervenbündel. Wenn er aufgeregt ist, spricht er noch schneller als sonst, und er verhaspelt sich. Alles, was ich verstehe, ist «nicht möglich» und «Nizar». Immer wieder «Nizar».

Nach einigen Minuten kehrt Mister Yusuf zurück und übergibt mir einen Brief:

Zürich, 30. Dezember 1996. Einschreiben

Kopien an: Mr. O. Yusuf, Mrs. V. S. Ummul

Lieber Nizar,
ich habe vernommen, dass Du das Haus meiner Mutter, Big Mosque Street 12, verkaufen willst oder dies bereits getan hast. Ich mache Dich darauf aufmerksam, dass dieses Haus – de facto mein Heim, de jure der gemeinsame Besitz meiner Schwestern – Dir lediglich zur treuhänderischen Verwaltung überschrieben worden ist. Was Du tun willst oder bereits getan hast, ist somit gesetzeswidrig. Dieses Haus ist mein Heim und nicht Deins, meine Familie hat es geerbt und nicht Deine, ich bestimme, was damit geschieht, und nicht Du. Ich hatte Dich für einen vertrauenswürdigen Neffen gehalten, vertrauenswürdiger als andere. Weil meine Schwestern alt sind und Deiner guten Stellung wegen – wie man hört, bist du mittlerweile Dozent in Tirunelveli – hielt ich es für richtig, Dir die Verantwortung für mein Heim zu übertragen. In Deinem Schreiben vom 13. Oktober 1993 hast Du denn auch mit blumigen Worten Deine Dankbarkeit bekundet sowie feierlich erklärt, dass mein Heim mir und meiner Familie jederzeit zugänglich sein werde. Stattdessen hast Du Dich, wie es scheint, vorübergehend selbst darin niedergelassen und damit begonnen, meinen Schwestern den Zutritt zu verweigern. Und nun willst Du das Haus für die lumpige Summe von vier Lacs

verkaufen, um mit dem Erlös Schulden zu tilgen, die Du Dir, wo auch immer, aufgehalst hast. Nizar, ich versichere Dir: Sollte das wirklich zutreffen, werde ich rechtlich gegen Dich vorgehen. Ich werde Dich auf Schadenersatz verklagen, ich werde Deine Vorgesetzten über Dein Verhalten informieren, ich werde Dich jede Rupie, die ich in Deine Ausbildung gesteckt habe, zurückzahlen lassen, und ich werde Dich aus meinem Gedächtnis löschen.
Dr. V. Ziauddin

Nachdem ich den Brief weggelegt habe, sieht mich Mister Yusuf mit versteinerter Miene an. Zum ersten Mal, seit wir hier sind, ist es still im Haus. Babus Mutter hat sich zurückgezogen, die herumhopsenden Kinder und kichernden Teenager sind verschwunden. Mir geht vieles durch den Kopf, nicht nur das Offensichtliche: wie gut sich mein Vater ausdrücken konnte, wenn er englisch schrieb, statt sich auf Deutsch abzumühen. *Lacs!* Er verwendet den indischen Ausdruck für hunderttausend. Und das ein halbes Jahrhundert nach seinem Wegzug.

Nun verstand ich, wieso meinem Vater während der letzten Jahre seines Lebens nichts mehr daran lag, noch einmal nach Srivaikuntam zurückzukehren. Es gab keinen Grund mehr. Sein Haus war weg, seine Mutter, an der er sehr hing, schon etliche Jahre tot, und mit seinem Lieblingsneffen hatte er gebrochen. Nizar hatte meinem Vater viel Kummer bereitet, und darum war nun auch ich wütend auf ihn. Gleichzeitig konnte ich fast nicht glauben, dass jemand aus diesem Dorf so ruchlos sein konnte.

Meine Nachforschungen an den folgenden Tagen waren nicht sehr ergiebig. Wie es überhaupt schwierig war, sich eingehender über eine Sache zu unterhalten: Wie war mein Vater als Kind? Womit hat er gespielt? Was hat er gelesen? Wann genau ging er fort? Die Antworten blieben vage, meinen Tanten schien der Sinn solcher Fragen nicht einzuleuchten.

Was Nizar betraf, wurde wiederholt, was bereits im Brief stand: dass er Geldprobleme habe. Einige meinten, auch den Grund dafür zu kennen: Trunksucht. Doch wie konnte man in einem Dorf, in dem keine einzige Bierflasche zu sehen war, zum Säufer werden?

Auf sein eigenes Zerwürfnis mit meinem Vater angesprochen, blieb Babu vage. Er beteuerte nochmals seine Unschuld und deutete an, er sei einer Intrige «gewisser Personen» zum Opfer gefallen. Mister Yusuf beschränkte sich darauf, Nizar als verschlagenen Schuft zu bezeichnen, während Nizar, das ging aus einem anderen Brief hervor, Mister Yusuf einen Betrüger schimpfte.

Fest stand: Babu war in der Verwandtschaft beliebt und angesehen, Nizar dagegen völlig isoliert. Mit Ausnahme seiner eigenen Mutter schien kaum mehr jemand mit ihm zu sprechen. Dies, obwohl er keine fünfzig Schritte von den anderen entfernt wohnte. Sollte ich ihn aufsuchen, um seine Version zu hören? Einerseits lag mir die Angelegenheit am Herzen, nicht zuletzt, weil ich sah, welche Schmach der Verlust des Hauses für Babu, Mister Yusuf und Tante Ummul bedeutete. Andererseits hielt ich es für vermessen, mich in dieser völlig fremden Welt in einen Streit einzumischen, dessen Ursachen ich kaum kannte und noch weniger verstand.

«Vielleicht sollte ich Nizar selber fragen, wieso er das Haus verkauft hat», sage ich eines Abends. «Gute Idee», antwortet Babu und sieht dabei sehr unglücklich aus. Mister Yusuf lächelt irritiert. «Okay. Aber nur ein kurzer Besuch. Maximal

zehn Minuten. Und keine Geschenke annehmen.» – «Wann?» –
«Nächsten Samstag. Die Woche über ist er in Tirunelveli.»

Schon bald kehrte die Leichtigkeit zurück, die wegen der
Sache mit Nizar vorübergehend verschwunden war. Silvia
wurde von den Mädchen und jungen Frauen zunehmend wie
eine Prinzessin behandelt. Man überhäufte sie mit Schmuck,
steckte ihr Jasminblumen ins Haar, hüllte sie in Saris, lauschte
ihren Schilderungen über das Leben in Europa. Tante Ummul
schaute dreimal am Tag vorbei, setzte sich neben mich, nahm
meine Hand und redete auf Tamilisch vor sich hin. Am Abend
brachte sie meist ein Päckchen Kampfer mit und fuhr damit
vor meinem Gesicht herum. Dadurch befreite sie mich von
den bösen Augen, die mir tagsüber aufgelauert hatten. Zum
Schluss der Zeremonie wurde der Kampfer vor der Haustür
verbrannt.

Einmal gelang es Silvia und mir sogar, die VIP-Zone außer-
planmäßig zu verlassen und uns im Wohnzimmer aufs türkis-
farbene Kunststoffsofa zu setzen, ohne dass gleich der ganze
Raum hochsprang, der Fernseher ausgeschaltet wurde, Babus
Frau aufgeregt nach ihrem Mann rief und die Töchter in die
Küche eilten, um einen Imbiss für uns zuzubereiten.

Und die mutigeren unter den Jugendlichen wagten sich mit
der Zeit zu uns ins Zimmer hoch, wo sie sich fotografieren
ließen oder kichernd die Porträtaufnahme von mir bestaun-
ten, die über Babus Schreibtisch hing. Ich hatte das Bild seit
zwanzig oder mehr Jahren nicht mehr gesehen. Es zeigt einen
frischgekämmten Buben von etwa zehn Jahren im adretten
Nylonhemd. Ich kann mich dunkel daran erinnern, wie ich
eines Tages in dieses Hemd gesteckt und zu einem Fotostudio

geschleppt wurde. Das widerwillige, leicht verächtliche Lächeln auf dem Bild bedeutet wohl: «Meine Eltern spinnen heute. Ich hasse dieses Hemd und bin in Wahrheit ein cooler Junge.» In Srivaikuntam sollte ich das Foto noch einige Male sehen. Immer in einen Holzrahmen gefasst und mit meinem Namen versehen: «Bruno Meeran. Sohn des Dr. V. Ziauddin.» Möglich, dass die Aufnahme eigens für die indischen Verwandten gemacht worden war. Was ein Argument wäre, meinen Eltern nachträglich zu verzeihen.

Allmählich mischte sich eine gewisse Selbstverständlichkeit in den permanenten Ausnahmezustand, den unsere Anwesenheit in Babus Haus, in der Verwandtschaft und sogar im ganzen Muslimviertel auslöste: Natürlich sind die beiden da. Onkel Bruno gehört ja zur Familie. Und Silvia ist (so die Sprachregelung) seine Verlobte. Die Ansätze von Vertrautheit inspirierten mich zu einer tröstlichen, aber eigenartigen Vision: Egal, was mir im Leben noch widerfahren wird, selbst wenn ich alles verliere, meine Beziehung, meine Wohnung, meine Arbeit – ich kann jederzeit in Srivaikuntam erscheinen, und man wird sich hier bis zum Ende meiner Tage um mich kümmern. Das Dorf des Vaters, eine fürsorgliche Mutter.

Silvia und ich genossen die Ausfahrten mit dem Auto zu Tempeln, Kirchen, Märkten und Naturreservaten. Darunter die Hauptattraktion der Gegend schlechthin: ein beeindruckender, dem Hindugott Vishnu gewidmeter Tempel, der laut einem dort betenden Brahmanen regelmäßig Touristen herlockt. «Viele Touristen?» – «Jedes Jahr mindestens zwei oder drei.» Sehenswert auch ein Wasserfall, der an den Wochenenden von den Einheimischen als öffentliche Großdusche benutzt wird.

Vor allem die Männer seifen sich derart heftig ein, dass sie aussehen, als hätten sie den ganzen Körper mit Rasierschaum eingesprüht. Man duscht im Lungi, einem um die Hüfte gewickelten Baumwolltuch – genauso wie daheim auch. Die Vorstellung, dass sich jemand nicht einmal in den eigenen vier Wänden nackt unter die Brause wagt, amüsiert den Westler. Bedenkt man, wie die Leute hier auf allerengstem Raum zusammen wohnen, schlafen, beten, streiten, kochen, waschen, essen, fernsehen, Liebe machen, dann ist die Vorstellung gar nicht mehr so absurd.

Die Ausflüge blieben die einzigen Stunden, in denen Silvia und ich uns der allumfassenden Obhut der Großfamilie entziehen konnten. Nur wir beide, Babu, der Fahrer und der Dorfpolizist. Von ihm (ein Verwandter auch er) hatte ich das überdimensionierte Polohemd erhalten. Sobald sich auf unseren Exkursionen ein Problem anbahnte, etwa ein Straßenzoll, den es zu entrichten galt, zückte er seine Dienstmarke.

Wann immer der Fahrer, ein scheuer junger Mann, den Motor startete, ertönte eine kurze Passage aus einem religiösen Sprechgesang. Einmal piepste während der Fahrt sein Mobiltelefon, und Babu nahm das Gespräch entgegen. Danach kicherte er wie ein Schuljunge, zog den Kopf ein und reichte mir das Gerät. Auf dem Display erkannte man zwei brennende Türme und ein Flugzeug. Ich gab Babu zu verstehen, dass ich das nicht lustig fand. «Nur ein kleiner Scherz, *no problem*», meinte er versöhnlich.

Im Verlauf der Reise sah ich die Türme auch auf Jutetaschen, T-Shirts und Postkarten, zudem Bin Laden als Kasperlfigur mit Boxhandschuhen. Die meisten dieser Waren wurden aber nicht von Muslimen angeboten, sondern von Hindus. Wahrscheinlich steckte tatsächlich eher eine diffuse Schadenfreude dahinter als islamischer Extremismus: David hat Goliath eins auf die Rübe gegeben, und wir freuen uns diebisch.

Samstagmorgen. Heute ist der Tag, an dem ich mich mit Nizar treffen soll. Als ich ins Wohnzimmer hinunterkomme, sitzt Mister Yusuf bereits auf dem Kunststoffsofa. So früh ist er noch nie hier gewesen. Babu gibt sich alle Mühe, locker zu wirken. Tante Ummul schlurft im Haus herum und verwirft die Hände. Während wir frühstücken, sage ich: «Mach dir keine Sorgen, Tante Ummul. Es wird nur ein kurzer Höflichkeitsbesuch.» – «Nur zehn Minuten», schiebt Mister Yusuf, halb Feststellung, halb Befehl, hinterher. «Ja», sage ich, «zehn bis fünfzehn Minuten.»

Man hat Nizar ausrichten lassen, dass ich um elf bei ihm sein werde. Mit Silvia, aber, entgegen den Gepflogenheiten, ohne unseren Gastgeber Babu. Was folgt, ist die südindische Version von High Noon. Nur dass die Zeit erheblich langsamer vergeht als im Kino. Um drei vor elf erhebe ich mich endlich von meinem Plastikstuhl. «Bis gleich», sage ich forciert beschwingt. Babu begleitet uns bis zur nächsten Straßenecke, dann kehrt er um.

Stille; die Sonne brennt fast senkrecht auf die menschenleeren Gassen hinab. Bis zu Nizars Haus sind es zwanzig Meter – zum ersten Mal allein unterwegs in Indien.

Oh, Bruno, wie lange ich auf diesen Augenblick warten musste, nur zu, tretet ein, wo ist denn Babu? Werft einen Blick auf die Wandtafel, «ein herzliches Willkommen für Onkel Bruno und Tante Silvia», das hat meine Tochter geschrieben, komm her, zeig dich, und hier: meine Frau. Nehmt Platz, schnell, Tee und Gebäck für Bruno und Silvia. Wie doch die Zeit vergeht, ich weiß noch, wie ich dich, zwanzig Jahre ist es her, in einem Brief gefragt habe, wann du heiraten wirst, und du geantwortet hast: «Vielleicht morgen, vielleicht in zehn Jahren, vielleicht nie.»

Fünf Minuten sind bereits vorüber. Ich muss ihn fragen.

Hier, für dich, das wird dir gefallen, eine tamilische Bibel, die habe ich von meinem Professor erhalten. Noch eine Tasse Tee oder lieber eine Cola? Du bist Journalist, nicht wahr? Ein schöner Beruf. Und du, Silvia? Historikerin, wie interessant, welches ist denn dein Fachgebiet?

Er spricht besser Englisch als die anderen. Das Wohnzimmer ist recht geschmackvoll eingerichtet. Aber seine Kleider: ziemlich protzig. Dafür ist seine Frau wirklich nett. Und er selbst ist eigentlich auch nicht so unsympathisch. Andererseits. Ich muss ihn fragen.

Ah, da kommt bereits der Fotograf, es dauert nicht lange, nur ein paar Bilder von euch beiden und noch eines mit uns allen drauf, und vielleicht ein letztes von dir und mir, lieber Cousin, so, und jetzt darf ich euch zu Tisch bitten, das Essen ist schon … wie, ihr könnt nicht bleiben? Wie schade!

Ob Babu und Mister Yusuf wütend werden, wenn sie erfahren, dass ich mich mit ihm habe fotografieren lassen?

Ja, bring sie her, danke, mein Kind, dieser Ring, Bruno, ist für dich und die Goldkette für Silvia. Wie? Aber wieso nicht? Das sind doch nur kleine Geschenke. Bitte. Bitte. Bruno. Nimm sie an. Ich bitte dich.

Wir müssen unbedingt wieder los. Ich muss ihn fragen. Ich muss. Jetzt.

«Tut mir leid, Nizar, vielleicht beim nächsten Mal. Wir müssen allmählich aufbrechen. Aber eine Frage, das verstehst du sicher, möchte ich dir noch stellen: Wieso hast du das Haus meines Vaters verkauft?»

Nizar atmet schwer. Seine Augen flattern, und für einen Moment bekommt sein Blick etwas Unberechenbares. Er holt tief Luft und sagt mit zitternder Stimme: «Es war ein schrecklicher Fehler. Ich hatte Schulden. Ich hätte das nicht tun dürfen. Ich bitte inständig um Verzeihung. Und ich verspreche dir, Bruno: Eines Tages werde ich dieses Haus zurückkaufen. Das ist mein Lebensziel. Trotzdem musst du wissen, dass Mister Yusuf ein Gauner ist. Halte dich von ihm fern.»

Völlig durchgeschwitzt kehre ich zurück. Der Empfang ist für südindische Verhältnisse eher kühl. Ich mache ein wichtiges Gesicht und bitte Babu und Mister Yusuf zu mir in die VIP-Zone. «Zurückkaufen?» Mister Yusuf lacht bitter. «Er ist ein Schwätzer. Viel zu teuer, und die neuen Besitzer würden ohnehin nicht einwilligen.» – «Wie viel?» – «Mindestens fünf Lacs.»

Wer noch keine Gelegenheit hatte, uns zu besuchen, holt dies am Sonntag vor unserer Abreise nach. Alle anderen kommen natürlich auch. Noch nie in meinem Leben habe ich so ausdauernd gelächelt, denn alle wollen sich mit uns fotografieren lassen. Für die Andenken, Hochzeitsgeschenke und Spezialitäten, die uns überbracht werden, werden wir wohl eine Frachtmaschine chartern müssen. Von Nizar spricht niemand mehr.

Angesichts von so viel Herzlichkeit und Großzügigkeit plagt mich – ganz Kind des Abendlandes – einmal mehr das schlechte Gewissen. Womit nur habe ich all die Zuneigung verdient? Eine mögliche Erklärung liefert Babus jüngste Tochter: «Papa, wieso sagen diese Leute ständig danke? Das sind doch unsere Verwandten.»

Auf jeden Fall bin ich froh, dass es am letzten Abend endlich an mir ist, Geschenke zu verteilen. Babu hat mir einmal erzählt, dass mein Vater bei seinen raren Besuchen zum Abschied Briefumschläge mit einer kleinen Summe Bargeld drin aushändigte. So will ich es auch machen. Babu stellt eine Liste mit 57 Namen zusammen und schlägt 100 Rupien pro Person vor, knapp zwei Euro; ich verdopple.

Nach der Geldverteilung, die mit feierlichem Ernst und größter Disziplin abgewickelt wird, kommt eine meiner Cousinen auf mich zu und übergibt mir ihrerseits einen Briefumschlag. Die etwa vierzigjährige Frau hat schon anderthalb Tage vor unserer Abreise zu weinen begonnen. Jedes Mal, wenn Silvia oder ich ihr zulächeln, bricht sie von neuem in Tränen aus. Der Umschlag enthält 500 Rupien. Ich reiche das Geld an Babu weiter und frage konsterniert, wieso sie etwas so Absurdes getan habe. «Deine Cousine hat Probleme mit ihrem Mann. Er schlägt sie, ihr Bauch ist schon ganz hart. Diese Tage mit euch waren für sie die schönsten seit langem. Dafür wollte sie sich bedanken.»

Der Abschied verläuft nicht ganz so herzzerreißend, wie ich gedacht hätte. Vielleicht war eine Steigerung schlicht nicht möglich. Silvia und ich wollen weiter nach Kerala, dem Nachbarstaat Tamil Nadus, wo wir ein paar zweisame Tage an einem möglichst touristischen Strand zu verbringen hoffen. Der Fahrer, Babu und der Dorfpolizist bestehen darauf, uns in die sieben Stunden entfernte Hauptstadt Trivandrum zu bringen.

Je länger die Fahrt dauert, desto mehr verdichten sich die Anzeichen, dass keiner der drei schon einmal in Kerala gewesen ist, geschweige denn in der betriebsamen Millionenstadt Trivandrum. Auch die Erfahrung des Fahrers mit mehrspurigem Stadtverkehr scheint sich in Grenzen zu halten. Jedenfalls herrscht im Auto höchste Alarmbereitschaft, sobald wir uns einer Straßenkreuzung nähern. Manchmal halten wir unvermittelt an, und mein Dorfpolizist lässt sich von einem grinsenden Passanten den ungefähren Weg zum Hotel erklären.

Kurz bevor es dunkel wird, werden wir fündig. Für einige Minuten stehen wir alle schweigend in der muffigen und grotesk großen Suite herum, die ein hilfsbereiter Schwager von Babu reserviert hat. Dann brechen die Männer wieder auf, da sie am nächsten Morgen zur Arbeit müssen. Dieser Abschied *ist* herzzerreißend. Als die drei gegangen sind, lege ich mich aufs Bett und starre an die Decke. Ich fühle mich leer. Nach einigen Minuten sage ich zu Silvia: «Was meinst du, soll ich das Haus zurückkaufen?»

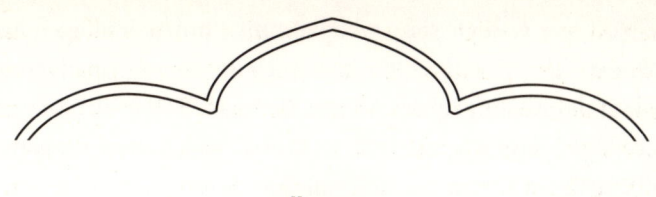

ZÜRICH

Wir sonnten uns an einem Strand, wir fuhren in einen Nationalpark, wo wir Elefanten, aber keine Tiger sahen, wir flüchteten aus einem Bus, dessen Fahrer betrunken war, wir tuckerten mit einem Hausboot durch Mangrovensümpfe, wir besuchten die Vorführung eines Schlangenbeschwörers, wir tranken unser erstes Bier seit zwei Wochen, das eines Prohibitionsgesetzes wegen als «*special tea*» verkauft wurde, wir antworteten auf Babus Textnachrichten («Wo seid ihr? Tante Ummul macht sich Sorgen»), wir kauften Currypulver und Räucherstäbchen, wir kehrten nach Europa zurück.

In den Wochen nach der Heimkehr verschickte ich Dankesmails und Erinnerungsfotos. Mister Yusuf musste jedes Mal, wenn man ihm eine Mail schrieb, per SMS vorgewarnt werden. Er lebt in einem Nachbardorf Srivaikuntams, das noch kleiner, noch ländlicher, noch abgelegener ist. Seine elektronische Post rief er in der örtlichen Grundschule ab, die dank der Zuwendungen eines Einheimischen, der es in Sri Lanka zu Wohlstand gebracht hatte, mit drei Computern ausgerüstet war. Die Besichtigung der drei Computer war Bestandteil einer unserer Exkursionen gewesen. Wenn Mister Yusuf meine Nachricht gelesen hatte, schickte er immer eine SMS: «Mitteilung erhalten; Antwort per E-Mail.»

Nowrose meldete sich in vollkommen unregelmäßigen Abständen. Ihre Nachrichten begannen meist so: «Im Namen Allahs des Allgütigen, des Allbarmherzigen. Lieber Bruno, entschuldige, dass ich erst jetzt antworte. Wir hatten Probleme mit unserem Computer und mit dem Strom.» Zwar hatte ich in Srivaikuntam viele Male selbst im Dunkeln gesessen, weil die Stromversorgung zusammengebrochen war. Dass so etwas auch in einer Stadt wie Madras vorkam, hätte ich allerdings nicht für möglich gehalten. Natürlich erkundigte ich mich vorsichtig nach ihrem Eheleben. Die Antworten waren direkt, aber nicht sehr aufschlussreich: Ihr «Problem», wie sie es nannte, werde zurzeit «von der Moschee behandelt». Und danke für die aufmunternden Worte.

Babu reagierte auf meine Mails entweder innerhalb von vierundzwanzig Stunden oder nach ungefähr anderthalb Monaten. Eine Logik ließ sich nicht erkennen. Er erkundigte sich jedes Mal nach Silvia («Wie kommt sie mit ihrer Doktorarbeit voran?»), ging aber kaum je auf meine Antworten ein. Ebenso wenig auf meine Fragen. Egal, ob diese Tante Ummuls Gesundheit betrafen, den Schulerfolg seiner Töchter oder das Befinden jener traurigen Cousine, die schon anderthalb Tage vor unserer Abreise zu heulen begonnen hatte.

Irgendwann entschied ich mich, meine Reiseerlebnisse niederzuschreiben. Der Artikel wurde in einer Schweizer Zeitschrift abgedruckt, später in andere Sprachen übersetzt und rief zu meinem Erstaunen rege Anteilnahme unter den Lesern hervor. Ein freundlicher Mann erbot sich, da 1,90 groß und hundert Kilo schwer, das überdimensionierte Polohemd zu kaufen, das mir der Dorfpolizist geschenkt hatte. Eine erfahrene Indienreisende aus Hamburg wies mich zurecht: Dass Silvia an Verstopfungen gelitten habe, sei keineswegs ungewöhnlich, sondern aufgrund der ständigen Reis-Esserei ein unter Touristen verbreitetes Problem. Und fast alle wollten wissen: «Haben Sie das Haus gekauft?»

Nein, hatte ich nicht. In dem Moment, als ich in der Hotelsuite in Trivandrum auf dem Bett lag, hätte ich Babu die 12 000 Euro, oder wie viel auch immer das Geburtshaus meines Vaters kostete, ohne zu zögern in die Hand gedrückt, wenn ich so viel dabeigehabt hätte. Da ich keine zwanzig mehr war, kühlten sich die Emotionen rasch ab. Ich beschloss, etwas Zeit verstreichen zu lassen, um zu sehen, wie sich die Beziehung zu meinen Verwandten entwickeln würde. Trotz aller Gefühlswallungen kannte ich sie ja noch immer schlecht. Zudem war ich nicht sicher, ob es wirklich klug wäre, mich als reichen Onkel aufzuspielen. Sollten nicht jene diesen undurchsichtigen Familienzwist lösen, die ihn zu verantworten hatten?

In den Monaten nach dem Tod meines Vaters hatte ich mich Indien und meinen Verwandten Schritt für Schritt angenähert. Jetzt passierte das Umgekehrte. Der zähflüssige und nicht eben fesselnde Mailverkehr trug seinen Teil zu der Distanzierung bei. Mit der Zeit fragte ich mich, ob es mir nicht erging wie einem ganz gewöhnlichen Touristen, der in Thailand oder am Roten Meer einen liebenswürdigen Einheimischen kennenlernt und sich am Tag des Abschieds voller Rührung vornimmt, mit diesem in Kontakt zu bleiben und möglichst rasch an den wundervollen Ort zurückzukehren. Bis nach wenigen Tagen Alltag Urlaub und Urlaubsbekanntschaft nur noch eine kalte, ferne Erinnerung sind.

Immerhin, ich heiratete Silvia. Die Reise nach Srivaikuntam war nicht der alleinige Grund für meinen Antrag gewesen, hatte die Dinge aber beschleunigt. Wir hatten gemeinsam zwei Beerdigungen und einen mehrwöchigen Irrsinn aus Curry, Cousins und Plastikstühlen durchgestanden. Wenn jemand für den heiligen Bund der Ehe geschaffen war, dann wir.

Wir ließen zwei verschiedene Hochzeitsanzeigen anfertigen. Eine für unsere Freunde und Verwandten daheim und eine für meine Inder. Letztere in Pastellfarben gehalten, mit verschnörkelter Zierschrift bedruckt, ein züchtiges Bild des Brautpaars zeigend und, wie in Südindien offenbar Usus, mit den vollständigen Namen unserer Väter sowie sämtlichen von diesen je erworbenen akademischen und sonstigen Titeln versehen. Was in meinem Fall zu folgendem beeindruckenden Ergebnis führte:

... die Heirat zwischen
Bruno Meeran Ziauddin,
Sohn des
Dr. Varusai Miskin Shamsuddin Ziauddin,
Ph. D, MSc Eng, DIC (Imperial College, London), SIA, MICE,
und
Silvia Franziska ...

Nachdem Babu die vierzig Hochzeitsanzeigen erhalten hatte, die er in Srivaikuntam und Umgebung verteilen wollte, schrieb er mir: «Danke für die Karten, Tanten fragen, wieso Silvia auf dem Bild die Goldkette nicht trägt, die sie ihr geschenkt haben.» Ich ärgerte mich über unser Versäumnis, ebenso aber über Babus mangelnde Begeisterung und die Nörgelei der Tanten, die den Aufwand, den wir betrieben hatten, in keiner Weise zu schätzen schienen. Andererseits: Wahrscheinlich gehörten nörgelnde Tanten zu einer richtigen Familie einfach dazu.

Obwohl sie es nicht verdient hatten, schickte ich ihnen später auch noch die Fotos von der Hochzeitsfeier. Krawattierter Bräutigam und weiße Braut (diesmal mit Goldkette) vor Alpenpanorama. Alles in allem sahen wir auf den Fotos in etwa so aus wie die kleinen Gipsfiguren und die aquarellierten Liebespärchen auf den herzförmigen Zuckerdöschen, die man uns in Indien in weiser Vorahnung schon ein Jahr zuvor geschenkt hatte.

Vielleicht war das der Grund, wieso die Reaktionen diesmal enthusiastischer ausfielen. Nowrose schrieb: «Im Namen Allahs des Allgnädigen. Lieber Bruno! Wir sind alle sehr glücklich über Eure Heirat. Ganz besonders Deine Tanten. Möge Gott Euch geben eine wunderbare Ehe. Kein besseres Beispiel kann ich mir dafür denken als Deine Eltern.» Von nun an wurde in jeder E-Mail, die ich aus Indien erhielt, auf das große Ereignis Bezug genommen. Und jede Nachricht, ob von Babu, Mister Yusuf oder Nowrose, endete fortan mit derselben Frage:

Any special news?

In meiner grenzenlosen Naivität überlegte ich mir Mal für Mal, ob es denn irgendwelche «besonderen Neuigkeiten» aus meiner Welt zu erzählen gab. Ein Putschversuch der Schweizer Armee? Die wundersam über Nacht fertiggestellte Doktorarbeit meiner Gattin? Es dauerte eine Weile, bis ich begriff, dass meine Verwandten immer nur an das eine dachten: Nachwuchs.

Manchmal vergingen Monate, ohne dass ich etwas von ihnen hörte oder selbst an sie dachte. Babu versorgte mich ab und zu mit Nachrichten aus dem Dorf – Hochzeiten, bestandene Abiturprüfungen, aber auch Unglücksfälle und Tragödien. Nizar, der Bösewicht, der das Haus meines Vaters verkauft hatte, war beim Aussteigen aus einem Bus gestrauchelt und hatte sich einen komplizierten Beinbruch zugezogen. Ein Verwandter aus Tirunelveli, den ich nicht kennengelernt hatte, war bei einem Verkehrsunfall tödlich verunglückt. Er hinterließ eine Frau und eine siebenjährige Tochter. Das Mädchen sollte mir ein paar Jahre später, unter jenen normal besonderen Umständen, wie sie in Srivaikuntam nun mal herrschen, einen großen Gefallen tun.

Eines Tages erhielt ich eine Zuschrift von einem mir unbekannten Mann. Seinen Ausführungen, die ich zunächst nur flüchtig las, entnahm ich, dass er eines der zahlreichen männlichen Familienmitglieder war, die als Gastarbeiter am Persischen Golf arbeiteten. Ich hatte schon diverse solcher Mails erhalten, in denen es meist um Belangloses ging. Elektronische Neujahrswünsche, Einladungen für irgendwelche Chatforen, Verweise auf Webseiten, die einem den Koran, dieses Buch des Friedens und der Liebe, näherbrachten.

Umso mehr erschrak ich, als ich realisierte, worum es diesmal ging. Der Gastarbeiter hatte den Namen seines Heimatdorfes – Srivaikuntam – gegoogelt und war auf meinen Zeitungsartikel gestoßen. Die Segnungen der modernen Technik nutzend, ließ er den Text von einem automatischen Übersetzungsprogramm ins Englische übersetzen. Ebenso gut hätte er ihn durch den Fleischwolf drehen können, derart absurd war das Resultat. Das war aber nicht das Problem. Das Problem war, dass der Gastarbeiter aufgebracht schien. Ganz sicher war ich nicht. Sein Englisch war zu schlecht, als dass sich aus den Zeilen eine eindeutige Tonalität herauslesen ließ. Auf jeden

Fall sprach er davon, wie überrascht er über den Artikel sei und ob ich wolle, dass er ihn meinen Tanten zeige. Irgendwie klang es wie eine Drohung.

Natürlich, ich hatte den Text in bester Absicht geschrieben. Es handelte sich um eine liebevolle Hommage an meine indischen Verwandten. Nie, nie, nie im Leben hätte ich sie damit brüskieren oder verletzen wollen. – Und nie im Leben hätte ich es für möglich gehalten, dass jemand aus dem Dorf diesen Text einmal zu Gesicht bekommt. Verfluchtes Internet. Denn jetzt, wo ich diese schreckliche Übersetzung mit den Augen meiner Inder las, war mir sofort klar: Hier gab es etliches, das brüskierend oder verletzend anzukommen drohte. Es fing schon im allerersten Satz an, mit der Beschreibung Babus: «Sehr dunkel» war in dem kasten-, klassen- und rassenbewussten Land alles andere als ein Kompliment. Wenig hilfreich auch der sanft ironische Ton meiner Reisereportage. Dieser war so unendlich weit von der Art entfernt, wie die Menschen in Srivaikuntam kommunizierten – diese arglose, unverschraubte, unzweideutige Direktheit. Ich hielt es für nahezu unmöglich, dass der Artikel von ihnen so verstanden werden würde, wie er gemeint war.

Ich schickte dem Gastarbeiter eine schadensbegrenzende Nachricht. Seine Übersetzung sei wertlos. Eines Tages würde ich selbst etwas auf Englisch über meine Familie schreiben. Das dürfe er dann meinen Tanten zeigen. Aber diesen Artikel bitte nicht. Gleichzeitig versuchte ich – ein fast aussichtsloses Unterfangen –, Babu die Situation zu erklären. Und ich bat ihn sicherzustellen, dass der Mann von seinem Vorhaben abließ. Ich erhielt keine Antwort, weder von dem einen, noch von dem anderen. Das hatte aber nicht unbedingt etwas zu bedeuten. Von der Abfolge Frage – Antwort – Dankeschön schienen meine Inder nicht viel zu halten. So blieb ich im Ungewissen, ob und, wenn ja, wie sehr mein Text für Verstimmung sorgte. Wie so oft, wenn ich herauszufinden versuchte, was in meinen Verwandten vorging, hätte auch alles ganz anders sein können: Vielleicht hatte sich der Gastarbeiter ganz einfach gefreut, dass ich über sein Dorf schrieb.

Der optimistische Erklärungsversuch überzeugte mich allerdings selbst nicht so recht. Eine Zeitlang hatte ich jedes Mal ein banges Gefühl, wenn ich eine Nachricht aus Indien öffnete. Das ungetrübte, unbeschwerte und von mir wahrscheinlich verklärte Verhältnis zu meinen Verwandten war ein wenig angeknackst. Unsere Beziehung hatte ihre Unschuld verloren.

Was blieb von der Reise? Hatte sie etwas in mir ausgelöst? Fühlte ich mich meiner indischen Herkunft jetzt näher? Fing der Mangobaum doch noch zu blühen an?

Nüchtern betrachtet hatte ich ein paar Fremde kennengelernt, die zufällig mit mir verwandt waren. Auch wenn ich von ihnen liebevoll aufgenommen worden war und mich die Begegnung mit ihnen berührt hatte: Es blieben trotz allem Menschen, mit denen ich von den damals neununddreißig Jahren meines Lebens lediglich ein paar Wochen verbracht hatte, mit denen ich folglich nicht allzu viel gemein haben konnte.

Mit der erstaunlich verbreiteten Vorstellung, ein wenig gemeinsames Blut erzeuge eine profunde, beinahe magische Verbindung zwischen den Menschen oder dass ein paar Gene genügten, um jemandem wie mir eine ewige Sehnsucht nach Reisfeldern, Saris und Gebetsteppichen in die Seele zu brennen, mit dieser Art von Herkunftsesoterik konnte ich nichts anfangen.

Ich war in Zürich zur Welt gekommen und aufgewachsen. In meiner gesamten Schulzeit, von der ersten Klasse bis zum Abitur, war ich der einzige Halb-, Ganz- oder Viertelinder gewesen. Es gab in meiner Umgebung auch keine Halb-, Ganz- oder Viertelafrikaner oder -Chinesen oder -Latinos. Es gab nur mich und Jessy, den Sohn eines schwarzen Amerikaners. Der Rest war weiß. Weiße Italiener, weiße Spanier, weiße Töchter und Söhne osteuropäischer Exilanten und viele, viele weiße Schweizer.

Selbst wenn ich es mir gewünscht hätte: Um so etwas wie ein indisches oder multikulturelles Bewusstsein zu entwickeln, fehlte es mir an meinesgleichen. Es fehlten die Verbrüderungsmöglichkeiten. Identität bedeutete ja, sich mit anderen zu identifizieren. Auf einer einsamen Insel ging das schlecht. Wenig erstaunlich also, dass ich als kleiner Junge, wenn gefragt, woher ich denn käme, voller Stolz und in breitester Mundart antwortete: «Ich bin ein in der Schweiz geborener Schweizer.»

Aber wieso wurde ich überhaupt gefragt?

Natürlich, weil ich trotz allem anders als meine Landsleute war. Weil man in der Welt der siebziger Jahre auffiel mit ein bisschen brauner Haut, schwarzen Haaren und einer Physiognomie, die – je nach Jahreszeit und Horizont des Betrachters – nach Nordafrikaner, Thailänder, Bolivianer, Mongole, Indianer, Zigeuner, Filipino, Tessiner, Eskimo oder, besonders scharf beobachtet, nach Ausländer aussah.

Nicht so auszusehen, wie man sich fühlte, und nicht so gesehen zu werden, wie man sich selbst sah, das hätte mich in meiner Kindheit und Jugend mit wechselnder Intensität beschäftigt. Irgendwann aber verlor das Thema an Bedeutung. Zum einen verflüchtigte sich – eigenartigerweise – mein exotisches Aussehen mit den Jahren zunehmend. Zum anderen bedeutete die fortschreitende Benettonisierung europäischer Städte, dass auch in den Straßen Zürichs immer mehr Gesichter verschiedenster Farben und Formen auftauchten.

Ein Meilenstein: die drei Jahre, die ich in London verbrachte. In der Welthauptstadt aller Rassen und Kulturen war es unmöglich, mit meinem Aussehen oder Namen auch nur in Ansätzen aufzufallen. Ein einziges Mal fragte mich jemand nach meiner Herkunft. Die Antwort wurde mit einer Mischung aus Indifferenz und leiser Enttäuschung zur Kenntnis genommen. Für mich eine Befreiung.

Zwar fühlte ich mich nach meiner Indienreise nicht indischer und schon gar nicht muslimischer. Aber die Reise und der vorangegangene Tod der Eltern brachten mich für eine Weile dazu, mich wieder stärker mit meiner Andersartigkeit auseinanderzusetzen. Ich erinnerte mich. Zum Beispiel an eine Bemerkung Nizars in unserer Briefphase als Teenager. Ich hatte ihm auf seinen Wunsch hin ein Foto von mir geschickt. Er antwortete, ich würde überhaupt nicht wie ein Inder aussehen, sondern «sehr europäisch». Die Feststellung plagte mich damals. Offenbar verhielt es sich so: In den Augen der Schweizer war ich ein Exot. Und in den Augen der Exoten ein Schweizer. Als einen der ihren sah man mich jedenfalls weder an dem einen noch an dem anderen Ort.

Ich erinnerte mich auch an den Inhaber eines Baugeschäfts, den ich mit Mitte zwanzig, als Praktikant bei einer ländlichen Tageszeitung, interviewen musste. Und der mich, obwohl ich eigentlich recht akzentfrei «*grüezi*» sagen kann, mit den

Worten empfing: «Arbeiten jetzt schon Asylanten bei der Presse?»

Ich erinnerte mich an die sonntäglichen Spaziergänge und Ausflüge mit meinen Eltern. Sie führten uns an den See, in den Wald oder zu Gasthöfen im Grünen. Also weg von unserer unmittelbaren Umgebung. Eine Zeitlang kam es dort draußen mit ermüdender Regelmäßigkeit vor, dass jemand mit dem Finger auf meinen Vater zeigte und sagte: «Schau mal, ein Neger!»

Und ich erinnerte mich an eine stadtbekannte Politikerin sozialdemokratischer Provenienz, die sich bei einer Standaktion Ende der achtziger Jahre weigerte, meinem Vater – seit einem Vierteljahrhundert im Land anwesend – ein Flugblatt auszuhändigen, weil dieses «nur für Stimmbürger» sei. Er hat die Frau in der Folge nie mehr gewählt.

Ich erinnerte mich aber auch an Gusti und Betty. Ein älteres Paar aus der Nachbarschaft, das direkt einem Heimatfilm entstiegen schien, meinen Vater sehr mochte und ihn regelmäßig zu einem Gläschen Weißwein zu sich in die Stube einlud. Oder an den schon erwähnten Unternehmer Ernst, der eine gänzlich unverkrampfte Freundschaft zu meinem Vater pflegte. Eine Freundschaft, die weder vom Dünkel der Barmherzigkeit geprägt war, noch von diesem Ostentativen, wie man es von Ausländerfreunden kennt, die aus jedem Lächeln, das sie einem Menschen mit Migrationshintergrund schenken, ein Statement machen.

Und ich erinnerte mich daran, dass mir mein Aussehen auch Vorteile brachte – natürlich. Im Sommer in der Badeanstalt die braunste Haut (okay: die zweitbraunste nach Jessy); beim Aufwärmen auf dem Fußballfeld die respektvollen

Blicke der Gegner, weil sie dachten, so einer spielt mindestens so gut wie Sócrates oder Eusébio (ein Trugschluss); oder das gesteigerte Interesse bei dem einen oder anderen Mädchen (allzu selten, leider). Auch nicht zu verachten: Immunität vor Straßenräubern, korrupten Zöllnern und professionellen Touristenübersohrhauern in Ländern wie Brasilien, Ägypten oder Malaysia, weil ich überall irgendwie als Einheimischer durchging.

Eine Zeitschrift brachte eine Ausgabe zum Thema Rassismus. Ich tat, was ich vor der Indienreise nie und nimmer getan hätte: Ich schrieb einen Aufsatz mit Reminiszenzen aus meiner Jugend als «Mischling», wie man damals einen wie mich mit ahnungsloser Grobheit nannte. Ich schrieb über die Sprüche, Schikanen, Blicke, die aufdringliche Neugier. Dass diese Sprüche, Schikanen und Blicke mühsam sein konnten, ärgerlich, manchmal verletzend, in seltenen Fällen demütigend. Aber auch, dass es sich um Ausnahmen handelte. Um Abweichungen von der Norm. Die Norm war eine unbeschwerte Kindheit. Guter Schüler, nette Kameraden, viel Fußball, leider auch Klavier, eine fürsorgliche Mami und ein Papi, den man an schlechten Tagen gerne gegen einen anderen eingetauscht hätte – genau so, wie sich das Söhne und Töchter weißer Väter an schlechten Tagen auch wünschten.

Ich schrieb, dass ich mich in keiner Weise traumatisiert fühlte. Dass dies, soweit ich es beurteilen konnte, auch für meinen Vater galt. Ebenso für meine Mutter, die ja mitzuerdulden hatte. Alle drei wussten wir uns leidlich zu wehren, wir kamen nicht unter die Räder, es gab viele Freunde und Bekannte. Wir waren keine Opfer. Ich war kein Opfer. Oder nur in dem Sinne, wie es die Brillenschlangen, Bohnenstangen, Fettsäcke und Zwergpinscher meiner Jugend waren, die alle auch Blicke, Sprüche und Vorurteile wegzustecken hatten.

Ich schrieb, dass auch jemand, der aus der Stadt in ein kleines Dorf ziehe, sich fremd und «ausgegrenzt» fühlen könne, manchmal jahrelang. Dass fast jeder Mensch sich anpassen und «integrieren» müsse und gegen Vorurteile anzukämpfen habe, sei es als Kind nach einem Klassenwechsel oder im neuen Job, für den man einen internen Bewerber ausgestochen hatte. Ich erzählte von zwei jungen Afrikanern, die beide in Zürich aufgewachsen waren. Der eine, aus dem Kongo stammend und schwärzer als die Nacht, versicherte, er habe wegen seiner Hautfarbe nie das geringste Problem gehabt. Die andere, eine karamellfarbene Schönheit von den Kapverden, berichtete von Ablehnung und Benachteiligung. Wer von den beiden hatte nun recht?

Ich gab eine weitere Anekdote zum Besten, die einen Vorfall betraf, der mich aufgebracht hatte: An einem extrem heißen Tag des Jahres 1994 verweigerte mir ein privater Wachmann den Zutritt zu einem mondänen Kleidergeschäft. Er fuchtelte die ganze Zeit angewidert mit den Händen, als sei ich eine Kakerlake oder ein Straßenkind. Die Situation entspannte sich erst, als meine hellhäutige Begleiterin dazustieß. Die unerhörte Szene ereignete sich allerdings nicht im reichen, bösen, kalten, abweisenden, egoistischen, unwirtlichen, ausländerfeindlichen Europa. Sondern im fröhlichen, multikulturellen Rio de Janeiro.

Ich erzählte in dem Artikel von den Zeitungsberichten, die ich in der letzten Zeit gelesen hatte. Sie handelten von Wanderarbeitern aus Bangladesh, die man mit falschen Versprechungen in den Norden des Irak gelockt hatte, wo sie von einheimischen Kurden – dem Opfervolk *par excellence* – wie Leibeigene gehalten wurden. Von burmesischen Tagelöhnern, die über die Grenze nach Thailand geflüchtet waren, in das Land des Lächelns und der Sanftmut, wo es ihnen untersagt war, sich nach Sonnenuntergang auf der Straße aufzuhalten oder ihre Kinder in die Schule zu schicken. Von tschetschenischen Studenten, die man in den Läden, Cafés und Trolleybussen Moskaus wie Straßenköter behandelte. Und von schwarzen Zimbabwern, die von schwarzen Südafrikanern abgeschlachtet wurden.

Ich kam zu dem Schluss, dass Rassismus ein großes Wort war. Eines, das von den hiesigen Ausländerverstehern zu schnell und zu leichtfertig in den Mund genommen wurde, wenn es darum ging, die Verhältnisse im eigenen Land zu beschreiben. In einem Land, das im Weltvergleich ein Hort der Zivilisation und des Anstands war. Und: Nur weil einer fremd war oder anders aussah, bedeutete das nicht automatisch, dass er schwach war und wehrlos. Hindernisse überwinden und gegen Vorurteile ankämpfen zu müssen hieß noch lange nicht, dass man des Mitleids bedurfte oder den Beistand von Kulturvermittlern, Schulpsychologen und Integrationsexperten benötigte. Nicht jeder mit dunkler Haut war ein Opfer.

Ich staunte, wie giftig die Reaktionen auf den Artikel waren. Sie stammten nicht etwa von ausländischen Mitbürgern, die meiner Sicht der Dinge widersprechen wollten. Sondern von Leuten, die Huber hießen oder Kaufmann und Gabi oder Georg mit Vornamen und die an Orten lebten, an denen sich vorzugsweise Beamte, Lehrer und Journalisten niederließen. Eine Schicht also, die überall in Europa, selbst im ultrakosmopolitischen London, fast gänzlich weiß und ausländerfrei ist und die Türken höchstens als Dönerverkäufer, Afrikaner als

Taxifahrer, Tamilen als Kellner und Bosnierinnen als Putz-frauen kennenlernt.

Trotzdem wussten die Hubers und Müllers, dass sie es besser wussten. Sie teilten mir mit, dass ich die Dinge verharmlosen würde. Dass ich «der Sache» (was immer damit gemeint war) mit meinem Geschreibe einen Bärendienst erwiesen hätte. Dass es in diesem Land sehr wohl ungastlich und fremden-feindlich zuging, auch wenn ich das nicht wahrhaben wolle. Und sie stellten Ferndiagnosen zu meiner Motivlage und zu meiner psychischen Verfassung. Ich würde mit Verdrängung auf meine eigenen traumatischen Erlebnisse reagieren, glaubte einer zu wissen. Und eine Leserin belehrte mich: Ich würde mich mit dem Land überidentifizieren, wahrscheinlich als Kompensation für meine Herkunft.

Das war eine bemerkenswerte Aussage. Erstens bedeutete dies, dass die Frau zwischen richtigen Einheimischen und mir unterschied. Da ich über dieselbe Muttersprache, dasselbe Geburtsland und denselben Pass wie diese richtigen Einhei-mischen verfügte, zudem über dieselben schulischen Erfah-rungen, sozialen Codes, kulinarischen Vorlieben etc., blieb als Grundlage für die Unterscheidung nur noch eines übrig: mein nicht astreiner Stammbaum.

Zweitens war dieser Stammbaum in den Augen der Leserin offenbar das entscheidende Kriterium für die Interpretation meiner Ausführungen. Wäre ich ein richtiger Einheimischer gewesen, dann hätte sie mich vielleicht als unterbelichtet be-zeichnet, als Faktenverdreher, chauvinistische Dumpfbacke oder Menschen mit einer ärgerlichen politischen Gesinnung. So aber war ich einer, der sich aus einem Gefühl des Mangels mit einem Land «überidentifizierte», zu dem er, dies die Implikation, gar nicht richtig dazugehören konnte. Einem wie mir wurden folglich gewisse Haltungen gar nicht erst zugestanden. Oder nur, indem man sie pathologisierte.

Bei der Leserin handelte es sich interessanterweise um eine grüne Kommunalpolitikerin. Nicht zum ersten Mal stellte ich fest: Manchmal offenbarten ausgerechnet jene rassistische Haltungen, die am lautesten gegen sie antraten.

Der E-Mail-Verkehr mit meinen Indern nahm weiter ab, versiegte aber nie ganz. Nachdem ich mich bei Babu ein weiteres Mal erfolglos nach Tante Ummul und meiner traurigen Cousine erkundigt hatte, gab ich es auf, selbst zu schreiben, und wartete stattdessen, bis mich wieder einmal eine Nachricht von ihm erreichte.

Nowrose schrieb ganz selten, und wenn, dann fast immer das Gleiche:

Im Namen Allahs des Allbarmherzigen.
Lieber Bruno,
wie geht es Dir? Und wie geht es Silvia? Bitte sende ihr meine allerbesten Wünsche. Hier sind alle wohlauf. Any special news?
In Liebe,
Nowrose.

Und ich schrieb fast immer das Gleiche zurück (Fragen zu ihrem «Problem» stellte ich keine mehr):

Liebe Nowrose,
vielen Dank für Deine Nachricht. Uns geht es beiden gut. Silvia arbeitet immer noch an ihrer Doktorarbeit, sollte aber bald da-

mit fertig sein. Bitte grüße alle sehr herzlich von mir, ganz besonders meine Tante.
In Liebe,
Bruno.

Babu meldete sich ein wenig öfter als Nowrose. Bei ihm tönte es ungefähr so:

Lieber Bruno,
hoffe, dieses Schreiben erreicht Dich bei guter Gesundheit.
Wie geht es Dir? Ist Silvia schon fertig mit ihrer Doktorarbeit?
Hier alles reibungslos. Monsun besonders heftig dieses Jahr.
Konnte Dir nicht früher schreiben, da mit dem Korrigieren von
Prüfungen beschäftigt. Any special news?
Dein Babu

Ein paar Monate zuvor hatte er geschrieben:

Lieber Bruno,
hoffe, dieses Schreiben erreicht Dich bei guter Gesundheit.
Wie geht es Dir? Ist Silvia schon fertig mit ihrer Doktorarbeit?
Hier alles bestens. Sehr heißer Sommer dieses Jahr. Konnte
Dir nicht früher schreiben, da mit dem Korrigieren von Prüfungen beschäftigt. Any special news?
Dein Babu

In einem schwachen Moment hegte ich den bösen Gedanken, die eher bescheidenen Anstrengungen meiner Verwandten, den Kontakt mit mir aufrechtzuerhalten, gingen auf den Umstand zurück, dass ich ihnen, wie von meinem Vater nahegelegt, kein

Geld mehr schickte. Genau besehen war das gar kein so böser Gedanke: Die Unterstützung durch meinen Vater war für die Familie tatsächlich und auf sehr unmittelbare Weise wichtig gewesen. Davon hatte ich mich ja selbst überzeugen können, und dafür hatte man sich im Dorf wiederholt und vehement bei mir bedankt.

Dennoch war ich mir fast sicher, dass Geld für unsere Beziehung keine, auf jeden Fall keine entscheidende Rolle spielte. Eher verhielt es sich so: Auch meine Inder hatten einen Alltag zu bewältigen, der sie, genau wie mich, davon abhielt, gewisse Dinge zu tun und zu erledigen, die man schon längst hätte tun und erledigen wollen sollen müssen. Nur dass ihr Alltag um einiges härter und komplizierter war als meiner: Zwölfstundentage, Sechstagewochen, beschwerliche Arbeitswege, extremes Klima, niedrige Gehälter und jede Menge Kinder, die davon ernährt und eingekleidet sein wollten.

Manchmal konnte es geschehen, dass Babu, nach fünfzig Minuten Busfahrt und einer Viertelstunde Fußmarsch, abends heimkam, in sein Arbeitszimmer hochging, das zugleich das Eltern-, Kinder- und Gästezimmer war, dort seinen prähistorischen Computer einschaltete, minutenlang wartete, bis sich die Internetverbindung aufgebaut hatte (während seine drei Töchter ihn bestürmten, er solle sie endlich auch mal an die Kiste lassen), erleichtert mitverfolgte, wie auf dem Bildschirm die Yahoo-Seite allmählich Gestalt annahm, nur um nach kurzer Zeit von einem ganz Srivaikuntam erfassenden Stromausfall daran gehindert zu werden, seine Mails abzurufen, worauf er wieder abzog, im Schein der Batterielampe sein Abendbrot zu sich nahm und daraufhin gleich zu Bett ging, da er am nächsten Tag um halb sechs auf den Beinen sein musste. Wenn dann am Abend der Strom wieder ausfiel und am nächsten wieder, dann konnte es halt mit der Antwort an den Schweizer Cousin ein wenig dauern.

Diesmal dauerte es fast ein halbes Jahr. Dann schrieb er: «Endlich einen Bräutigam für meine älteste Tochter gefunden! [Sie war 21.] Ein guter Junge aus Eral mit Hochschulabschluss. Bin sehr zufrieden. Melde mich, sobald wir wissen, wann die Hochzeit stattfindet. Du bist natürlich eingeladen.»

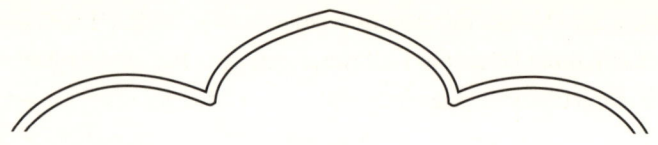

LONDON

Einige Tage später stieg ich in den Keller, um nach dem distinguierten Indienführer zu suchen, den wir auf unserer Reise dabeigehabt hatten. Ich wollte nachsehen, ob in dem Buch etwas über die Ortschaft Eral stand. Unser Keller glich zu jener Zeit mehr und mehr einem wissenschaftlichen Archiv. Es lagerten darin geschätzte achtzig Tonnen Papier zu Silvias Doktorarbeit, weshalb es nahezu hoffnungslos war, irgendetwas anderes zu finden als Unterlagen zur Geschichte der Bakteriologie im wilhelminischen Deutschland.

Statt des Reiseführers fand ich einen Umzugskarton mit Briefen, Postkarten und anderen schriftlichen Memorabilien. Das Material stammte aus dem Nachlass meiner Eltern. Ich hatte es bei der Wohnungsräumung zusammengesammelt und zu mir nach Hause mitgenommen. Die Existenz des Kartons hatte ich vergessen, vielleicht auch verdrängt. Ausnahmsweise hatte die psychologisierende Interpretation durchaus ihre Berechtigung: Den Haushalt eines Menschen auflösen zu müssen, der einem nahestand, gehört zu den schmerzhaftesten Aufgaben, die es gibt. Bei jedem Paar Pantoffeln, das man wegwirft, bricht es einem fast das Herz.

Ich schleppte den Karton in unsere Wohnung hoch, was ich angesichts meiner baufälligen Wirbelsäule nicht hätte tun sollen. Zuoberst in der Schachtel lag ein mehrseitiger Brief, den ich schon beim Räumen gelesen hatte und über dessen Inhalt ich damals ziemlich erschrocken war. Der Brief stammte von meiner Mutter und war an ihre beste Freundin gerichtet, aber offensichtlich nie abgeschickt worden. Der Kopfzeile war zu entnehmen, dass sie ihn im Mai 1961 verfasst hatte, unmittelbar vor der Heirat mit meinem Vater. Damals lebten meine Eltern, die seit einem knappen Jahr verlobt waren, in Accra, der Hauptstadt Ghanas. Dies war auch der Ort, an dem ich einige Jahre später gezeugt wurde.

In dem Brief beklagte sich meine Mutter ziemlich heftig über den «unmöglichen Charakter» meines Vaters und seine Launenhaftigkeit, die ihr «manchmal den letzten Nerv ausreißen» würde. Ihrer Freundin verriet sie, dass sie sich gar nicht mehr so sicher sei, ob sie diesen Mann wirklich heiraten wollte. Was ja zur Folge gehabt hätte – wie mir beim ersten Lesen durch den Kopf gegangen war –, dass ich das Licht der Welt gar nie erblickt hätte. Ich!

Auch hatte mich die Vorstellung traurig gemacht, dass eine Ehe, die vierzig Jahre überdauerte und erst durch den Tod geschieden wurde, mit solch unguten Gefühlen begann. Nun aber fand ich den Brief gar nicht mehr so schlimm, und ich konnte ihm sogar eine komische Seite abgewinnen. Ich hatte selbst miterlebt, wie sich eine Frau in ein reizbares, rastloses, hyperempfindliches Wesen verwandeln konnte, je näher der schönste Tag rückte. Nicht alles, was im prämatrimonialen Zustand der geistigen Umnachtung gesagt und geheult wird, verdient es, ernst genommen zu werden. Immerhin hatte meine Mutter auch geschrieben: «Handkehrum kann er so liebenswürdig und humorvoll sein. Es soll einer die Männer verstehen!»

Klar, ihre Ehe hatte Höhen und Tiefen, wie man so sagt, und es konnte manchmal ziemlich laut werden zwischen den beiden. Als Kind ist es allerdings nur bedingt möglich, die Beziehung der Eltern richtig einzuschätzen. Man ist zu nahe dran und gleichzeitig zu weit weg. Wie viel die beiden einander bedeuteten, erkannte ich erst richtig, als sie schon alt und ich längst erwachsen war, und da ganz besonders in den zwei Jahren, in denen sich die Dinge dem Ende zuneigten. Weil sich meine Mutter außerstande sah, meinem Vater von ihrer Erkrankung zu erzählen, übernahm ich die Aufgabe. Während sie spazieren ging, setzte ich mich zu ihm aufs Sofa und sagte es ihm. Er war eine ziemlich erregbare Person. Doch in diesem Moment blieb er gefasst. Nur sein Gesicht wurde ein wenig fahl, wofür es bei einem dunkelhäutigen Menschen einiges braucht. In der Folge trug er ihr jeden Abend die Narbensalbe auf die Stelle an der Schulter auf, wo der schwarze Fleck herausgeschnitten worden war. Drei Monate später war er tot. Offensichtlich gehörte er zu jenen Männern, die es sich nicht vorstellen konnten, auch nur einen Tag ohne ihre Frau weiterzuleben.

Ein Jahr später lag meine Mutter bereits im Krankenhaus. Als sie durch die geöffnete Tür ihres Zimmers beobachtete, wie ein Sarg aus der Abteilung getragen wurde, brach sie in Tränen aus. Ich dachte, die Szene würde sie so sehr mitnehmen, weil sie dadurch mit ihrem eigenen nahen Tod konfrontiert wurde. Sie aber erklärte: Man müsse ihren Ausbruch entschuldigen, der Anblick des Sarges habe sie an den Abend erinnert, als ihr Mann gestorben sei. Harmonie ist nun mal nicht der alleinige Maßstab für Glück. Schon gar nicht für Eheglück.

In dem Karton befand sich auch ein Brief aus England. Dem Absender entnahm ich, dass er von Kenneth stammte, dem besten Freund meines Vaters aus gemeinsamen Studienzeiten in London. Ich war Kenneth zwei- oder dreimal in meinem Leben begegnet. Er war ein voluminöser, gutmütiger Mann und ein Stoiker alter britischer Schule. Er konnte sarkastische Bemerkungen machen, die so trocken waren wie *Shortbread*. Seine Mimik blieb selbst dann absolut reglos, wenn er Dinge sagte wie: «Was für eine Unverschämtheit!» oder «Das ist unglaublich lustig, ist es nicht?» Mein Vater, der das pure Gegenteil war, bewunderte ihn für diese Fähigkeit, in jeder Lebenslage die Fassung zu bewahren. Und für die Fähigkeit, erhebliche Mengen Whiskey zu trinken, ohne zu lallen.

Bei dem Brief handelte es sich um das Kondolenzschreiben an meine Mutter. Es trieb mir die Tränen ins Gesicht. Nicht so sehr wegen der enormen Zuneigung, welche Kenneth' Zeilen für diesen «beinahe absurd großzügigen Menschen» verrieten, der «während eines halben Jahrhunderts mein teuerster Freund gewesen ist». Sondern eher wegen jener vielleicht einzigartig britischen Fähigkeit, auch in Zeiten des Unglücks den Humor nicht zu verlieren. Kenneth schilderte den Moment, als er meinem Vater erstmals begegnet war, so: «Das war 1948, in unserem ersten Jahr am Imperial College. *Zia*, wie wir ihn später alle nennen sollten, saß an seinem Pult im Zeichenbüro der Ingenieursstudenten und trällerte beschwingt ein südindisches Lied. Ich ging zu ihm hin und sagte: ‹Du meine Güte, was ist denn das für ein fürchterliches Gejaule!› Wir lachten beide und wurden Freunde.»

Mein Vater hatte also in England Lieder aus der Heimat gesungen. Ich war eigenartig berührt. Natürlich, er war Inder, also musste er auf diese oder jene Weise indisch gewesen sein. Ich aber hatte in ihm stets eine Art dunkelhäutigen Europäer gesehen und bekundete Mühe, mir vorzustellen, wie er ein tamilisches Volkslied zum Besten gab, Reis mit den Händen aß oder auf einer Strohmatte schlief.

Mir kam wieder der Moment in den Sinn, als ich bei Babu auf dem Balkon stand und auf die Big Mosque Street hinunterblickte mit ihren kläglichen Hausfassaden und den herumlaufenden Ziegen. Als ich mich fragte, wie es nur möglich gewesen war, dass es jemand in den vierziger Jahren des letzten Jahrhunderts von hier an eine englische Eliteuniversität schaffte. Wie viel es wohl gebraucht hatte, an Fleiß, Glück, Klugheit, Härte und an Bereitschaft, sich in einer völlig anderen Welt einzuleben und neu zu erfinden. Was genau die einzelnen Stationen auf diesem langen Weg gewesen waren. Und wie mein Vater auf diesem Weg überhaupt meine Mutter kennengelernt hatte.

In Srivaikuntam hatte ich zu alldem wenig erfahren, mich aber auch nicht wirklich darum bemüht. Nun war vielleicht der Moment gekommen, es noch einmal zu versuchen. Die Einladung zur Hochzeitsfeier von Babus Tochter anzunehmen sowie alte Bekannte meiner Eltern ausfindig zu machen, die ihnen in England, der Schweiz und in Ghana begegnet waren.

Die Vorstellung, wieder nach Indien zu reisen, machte mich nicht wirklich froh. Die langen Zug- und Busfahrten, die Gift für meinen Rücken waren. Die Anstrengung, die es kostete, mich mit meinen Verwandten zu verständigen. Die pausenlose Esserei, der Trubel, die Hitze. Der Umstand, dass ich ohne Silvia würde fahren müssen, da sie nun unmittelbar vor dem Abschluss ihrer Doktorarbeit stand. Andererseits hatte Babu mir bei unserem Abschied in der turnhallengroßen Hotelsuite das Versprechen abgerungen, «mindestens alle fünf Jahre» nach

Indien zurückzukehren. Diese Zeitspanne war bald um. Und versprochen blieb nun mal versprochen.

Im Frühherbst erreichte mich die erwartete Karte mit den goldenen Lettern und pompösen Ornamenten. Die Hochzeit von Babus Tochter sollte am 25. Dezember stattfinden. (Ein Datum ohne Bedeutung für Muslime.) Ich schob die definitive Entscheidung einige Tage vor mich her, schickte schließlich per E-Mail meine Zusage. Diese formulierte ich vorsichtig, denn meine Verwandten waren ein ziemlich eifersüchtiger Haufen. Insbesondere meine geliebten Tanten. Auch wenn ihnen klar war, dass ich zu Babu und Nowrose, den Englisch sprechenden Gastgebern während unserer Reise, ein spezielles Verhältnis hatte, blieb die Tatsache bestehen: Meine fünf Tanten hatten insgesamt einunddreißig Kinder, die alle ihre Söhne und Töchter verheirateten. «Warum kommst du ausgerechnet zu dieser Hochzeit und nicht zu der meiner Enkelkinder?», hörte ich Ummul schon schimpfen.

Also schrieb ich zeitgleich an Babu und Mister Yusuf, ich hätte mich entschieden, im Dezember nach Indien zu reisen, um wieder einmal meine Verwandtschaft zu besuchen. Ich müsse Ende des Monats in die Schweiz zurückkehren, sodass ich bis kurz nach der Hochzeit bleiben könne. Die Lehren aus dem Google-Artikel-Übersetzungs-Desaster ziehend, fügte ich an: Ich trüge mich mit dem Gedanken, ein Buch über meinen Vater zu schreiben. Daher würde ich meinen Aufenthalt dazu nutzen, möglichst viel über seine Jugend in Indien in Erfahrung zu bringen. In Liebe, Bruno Meeran.

Wenn er aufgeregt war, redete Babu nicht nur schneller und unverständlicher. Auch seine schriftlichen Botschaften wurden ausgefallener. Er schrieb:

Lieber Bruno,
wir sind alle vollständig hier zum höchsten Maximum glücklich
über Deinen Besuch, der bald wird sein eine süße Tatsache. Deine
Präsenz wird die Hochzeit meiner Tochter zum leuchtenden Gala
transformatieren. Warum ohne Silvia?
In Liebe, Babu

Ich beschloss, noch vor der Indienreise nach England zu fahren, um mich mit Kenneth zu unterhalten und im Archiv des Imperial College nach Unterlagen über meinen Vater zu suchen. Im Umzugskarton nach seinem Adressbuch wühlend, stieß ich zuerst auf einen Taschenkalender: «Konzert Mutter 19.30 Uhr» hatte er darin für den 21. Dezember 2001 notiert. (Meine Mutter sang in einem Oratorienchor.) Der Eintrag gab mir einen Stich ins Herz. Mein Vater hatte dieses Konzert nicht mehr erlebt, er war vier Tage zuvor gestorben.

Nicht zum letzten Mal fragte ich mich, ob ich mir das überhaupt antun sollte. Die ganzen Nachforschungen, die Herumreiserei, die Emotionen, die hochkamen. Ich hatte mich mittlerweile mit dem Tod meiner Eltern abgefunden. Ihn in mein Leben integriert. Manchmal vermisste ich sie, manchmal träumte ich von ihnen, manchmal legte ich Blumen auf ihr Grab. Aber der Schmerz über den Verlust war nicht mehr akut. Warum ihn neu entfachen?

Das Adressbuch aufzustöbern war weniger schwierig, als darin die Nummer von Kenneth zu finden. Mein Vater hatte eine chaotisch-unpraktische Seite. Eigentlich verwunderlich, angesichts seines von Strenge geprägten Berufs, in dem es darum ging, Brücken, Staudämme und Schulhäuser für die Ewigkeit zu bauen.

Obwohl wir seit fünfzehn oder zwanzig Jahren nicht mehr miteinander gesprochen hatten, erkannte ich ihre Stimme sofort wieder: Kenneth' Frau war über meinen Anruf außerordentlich erfreut. Bald fragte sie: «Und wie geht es deiner Mutter?» Offenbar hatte sie die Todesanzeige nie erhalten, oder, in jenen aufzehrenden Zeiten auch möglich, ich hatte es versäumt, ihr eine zu schicken. Kurz darauf antwortete sie auf meine Frage, ob ihr Gatte zu sprechen sei: «Ja, habt ihr denn meine Todesanzeige nie erhalten?»

Ich fuhr trotzdem nach England. Bei der Einreise erging es mir so wie seit dem 11. September 2001 den meisten jüngeren und halbjüngeren Männern dieser Erde, die nicht mit dem Teint von George W. Bush oder einem angelsächsischen Privatschul-Kinn à la Tony Blair gesegnet waren: Ich empfand ein Gefühl der Erleichterung, als ich die Grenze problemlos und ohne vorgängiges *waterboarding* passieren durfte.

Der Fairness halber sei erwähnt, dass ich auch schon in den späten achtziger Jahren das Interesse von britischen Zollbeamten zu wecken vermocht hatte. Ich studierte damals in London Politik und Geschichte und führte jeweils nach den Sommerferien, die ich zu Hause verbrachte, Utensilien des Fortschritts und des *Savoire-vivre* ins Königreich ein. Eine Parmesanraspel zum Beispiel. Oder genießbaren Kaffee. Dies tat ich, weil ich es satt hatte, jedes Mal, wenn mich die Sehnsucht nach einer Tasse Espresso überkam, eine Dreiviertelstunde mit der U-Bahn nach Soho zu fahren, wo sich eines von maximal drei italienischen Feinkostgeschäften befand, welche diese Weltstadt damals zu bieten hatte.

Einmal nahm ich aus der Schweiz eine Espressokanne aus

Aluminium mit, die mir meine alte WG aus Mitleid geschenkt hatte. Der Zöllner, der mich filzte, hatte so ein Gerät offensichtlich noch nie gesehen. Er schaute drein, als vermute er einen inneren Zusammenhang zwischen mir, der Espressokanne und den Bombenanschlägen der IRA, die kurz davor sein Land erschüttert hatten. Er befahl mir, die Kanne aufzuschrauben, und trat gleichzeitig einen Schritt zurück. Dann untersuchte er die beiden Komponenten so vorsichtig, als handelte es sich um einen Blindgänger aus dem Zweiten Weltkrieg. Als er mit seiner Inspektion fertig war, fragte er mich: «Führen Sie Drogen mit sich oder pornographisches Material?»

Solche Abenteuer konnte man im London des 21. Jahrhunderts nicht mehr erleben. Leider. Selbst in dem heruntergekommenen Arbeiterquartier im Osten der Stadt, wo ich als Student gehaust hatte und zahlreiche meiner Freunde noch immer lebten, selbst dort gab es jetzt Bioläden, die glückliche Oliven, Pinot grigio und Baguettes feilboten. Und die muffigen, mit abgewetzten Plüschhockern ausgestatteten Pubs, in denen schlechtgelaunte irische Wirte sich die rote Nase mit dem Handrücken abwischten, bevor sie einem ein warmes Bier auf die Theke knallten, diese Monumente britischer Trink-, Prügel- und Dartkultur wurden zunehmend von den Klonen eines geschleckten Bar-Typus verdrängt, wie er auch das europäische Festland von Amsterdam bis Zagreb überzog. Damals empfand ich die Stadt selbst nach drei Jahren noch immer als exotisch, und ich fühlte mich fremder in ihr als in Barcelona oder Berlin, obwohl mir diese Orte viel weniger vertraut waren. Mittlerweile aber lag auch London in Europa.

Das Einzige, das sich hier nie zu ändern schien, waren meine

Studienfreunde Greg und Steve. Greg empfing mich an Krücken gehend, aber bei bester Laune. Er hatte sich beim Fußball den Knöchel verstaucht und ließ mich wissen, dass er gezwungen sei, sofort ins Pub zu humpeln, dort mindestens acht Pints zu trinken und sich von seinen Kumpeln trösten zu lassen, «da mir meine Frau jegliches Mitgefühl verweigert». Wie immer ließ ich mich überreden mitzukommen, auch wenn ich wusste, was das für ein trinkunfestes Bübchen wie mich bedeutete.

Meine Zusage war umso unvernünftiger, als ich am nächsten Morgen einen Termin mit der Archivleiterin des Imperial College hatte. Unwahrscheinlich, dass die Mitarbeiterin einer solch ehrwürdigen Institution es schätzte, wenn ich mit einer Fahne in ihrem Büro auftauchte. Wenigstens wohnte Greg für Londoner Verhältnisse zentral, sodass ich sein Haus bloß anderthalb Stunden vorher würde verlassen müssen, um pünktlich im Archiv einzutreffen.

Steve, der offensichtlich schon eine ganze Weile im Pub gesessen hatte, ließ mich wissen, dass er Lust verspüre, dem neuen Freund seiner Ex «eine zu kleben». Grundsätzlich konnte ich seinen Wunsch nachvollziehen, hatte doch die Freundin, nachdem sie ihn wegen des anderen verlassen hatte, eine Kurzgeschichte publiziert, in dem ein etwas trottelhafter Verlierertyp vorkam, der, es ließ sich schwer abstreiten, gewisse Ähnlichkeiten mit Steve aufwies. Das Problem war nur: Das war sieben Jahre her. Die nächste halbe Stunde versuchte er mich davon zu überzeugen, eine Replik auf die Kurzgeschichte zu schreiben, in der «die ganze Wahrheit über dieses fette Arschgesicht» enthüllt würde. Selbstlos, wie er war, bot er an, mir bei den Recherchen zu helfen. «Mit dieser Story hättest du ohnehin viel mehr Erfolg als mit deinem dämlichen Indienbuch!» Unter seinen wie immer freundlich gemeinten Verwünschungen erhob ich mich von der Theke und schwankte in die windige Nacht hinaus. «Sterbenslangweiliger Alphornbläser» war das Letzte, was ich hörte.

Da ich einen der seltenen Tage erwischt hatte, an dem der öffentliche Verkehr reibungslos funktionierte, erreichte ich das an der Exhibition Road gelegene College viel zu früh. Die viktorianischen Prunkbauten im Umkreis dieser Straße (ihr Name ging auf die Weltausstellung von 1851 zurück) verströmten noch immer die Aura des Weltreichs. Vor allem das Natural History Museum mit seiner majestätischen Terrakotta-Fassade und der ebenso atemberaubenden wie maßlosen Haupthalle, die manchmal als «Kathedrale der Naturwissenschaften» bezeichnet wurde, jagte dem Besucher noch im 21. Jahrhundert einen Schauer der Ehrfurcht über den Rücken. Was wohl meinem Vater durch den Kopf gegangen war, als er all das vor sechzig Jahren zum ersten Mal sah? Allein das Eingangsportal des Museums war doppelt so hoch wie die Minarette der «Big Mosque» in Srivaikuntam.

Ich hatte meinen Vater nicht als prahlerischen Menschen in Erinnerung. (Außer wenn er den Nachbarn im Schrebergarten von den Heldentaten seines Sohnes berichtete.) Wenn er auf etwas stolz gewesen war im Leben, dann auf seinen Abschluss vom Imperial College. Bereits nach wenigen Minuten auf dem Campus verstand ich, wieso. Selbst als London geeichter Gast staunte man über die Studenten-Internationale, die hier zusammenkam. Gelbe, weiße, braune, schwarze Gesichter, Turbane, Bärte, Saris, junge Frauen mit Piercing oder mit Kopftuch, Jünglinge auf Skateboards oder in afrikanischen Roben. Auch

Kenneth hatte diesen Umstand in seinem Kondolenzschreiben erwähnt, als er sich der Gruppe erinnerte, in der *Zia* und er ihr erstes Studienjahr absolvierten: ein Iraker, zwei Chinesen, ein Ungar, ein Ägypter, zwei Inder, drei Briten – «ein multikultureller Haufen, dessen freundschaftliche Atmosphäre als Exempel für die heutige Zeit dienen könnte».

Ich ging an einer Gedenktafel vorbei, auf der stand: «Zu Ehren der Studenten dieses College, die während des Ersten Weltkriegs für ihr Vaterland gestorben sind.» Ich gelangte zu einer Vitrine, die den vierzehn Nobelpreisträgern gewidmet war, die am Imperial College gelehrt hatten. Ich steckte ein Faltblatt über Thomas Huxley ein, der hier in der zweiten Hälfte des 19. Jahrhunderts einen Lehrstuhl für Naturgeschichte innegehabt hatte und zu den engsten Weggefährten Darwins zählte. Ich erinnerte mich daran, wie mir mein Vater von einem seiner Professoren erzählt hatte, der an der Konstruktion der Landungsboote für den D-Day, die Invasion in der Normandie, beteiligt gewesen war. Ich schlich mich ins Institut für Betonbau, dem Ort, wo mein Vater vermutlich an seiner Doktorarbeit geschrieben hatte, und las auf alten Plakaten, die an den Wänden hingen, Sätze wie: «Diese Fakultät wurde mit dem Ziel gegründet, den Interessen des Empire zu dienen.»

Vor lauter historischer Glorie vergaß ich die Gegenwart. Mit erheblicher Verspätung erreichte ich den Trakt, in dem sich das Büro der Archivleiterin befand. Da sie nicht an ihrem Platz war, klopfte ich an der Tür gegenüber. Eine gesetzte Lady öffnete und tat etwas, das eigentlich gar nicht möglich war: Sie beäugte mich von oben herab, obwohl sie einen Kopf kleiner war. Ich fragte unterwürfig, ob sie mir allenfalls sagen könne, wo sich ihre Büronachbarin derzeit aufhielte. So indigniert, als hätte ich sie soeben als blöde alte Vettel beschimpft, näselte sie: «Sie haben sich in der Tür geirrt. *We are the Royal Commission.*»

Wir sind die Königliche Kommission! Jetzt zeigte sich, welchen Grad an Reife und Abgeklärtheit ich mittlerweile erlangt hatte. Noch vor wenigen Jahren hätte ich die Frau in der Folge wohl tatsächlich als blöde alte Vettel beschimpft. Nun aber beließ ich es bei einem «Vielen Dank für die freundliche Auskunft, Sie haben mir sehr geholfen». Diese Nation hatte nun mal zwei Gesichter: Zum einen brachte sie grandiose Leistungen und Figuren hervor, und zwar in einem Ausmaß, das in keinem Verhältnis zur relativ geringen Größe des Landes stand. Popmusiker, Literaten, Komiker und Filmemacher von Weltrang; wissenschaftliche Errungenschaften und politisch-militärische Erfolge für die Annalen der Menschheitsgeschichte. Möglich war dies, weil hier eine Lebensart gepflegt wurde, die auf einem einmaligen Mix von Tugenden basierte: Freiheitsdrang, Selbstironie, Großmut, Neugier, Zähigkeit und eine ins Lässige tendierende Gelassenheit.

Das zweite Gesicht war das eines mit Arroganz imprägnierten Landes, das sich nicht einmal von der Tatsache erschüttern ließ, dass seine besten Tage über ein Jahrhundert zurücklagen. Zuweilen begegnete man hier einem – wiederum einmaligen – Mix aus insularer Ignoranz, Selbstgefälligkeit, unzeitgemäßem Klassendünkel und ziemlich lächerlichem Traditionalismus. *We are the Royal Commission!*

Nachdem ich beim Rundgang durch den Campus Stolz für meinen Vater empfunden hatte, war es jetzt Mitleid. Wie schwierig es für einen solch impulsiven Menschen gewesen sein muss, sich mit dieser zweiten Kategorie Engländer herumzuschlagen. Mit Leuten, die so eisern blasiert und standesbewusst waren, dass sie sich unter keinen Umständen zu einer emotionalen Reaktion herabließen. Schon gar nicht einem Dunkelhäutigen gegenüber. Denn das könnte als Taktlosigkeit oder gar Xenophobie ausgelegt werden. Mit Leuten auch, die einem immer ein wenig das Gefühl gaben, dass es auf dieser Erde zwei Sorten Lebewesen gab: ihresgleichen und den Rest.

Ich musste an ein Gespräch denken, das ich mit einem kanadischen Historiker geführt hatte. Der Mann hatte viele Jahre in Oxford verbracht und war zu dem Schluss gekommen: «Als Zugezogener bleibst du für die Briten bis ans Lebensende Ausländer. Egal, woher du kommst und was du machst.» Je älter ich wurde, desto besser verstand ich, wieso mein Vater, der auf drei Kontinenten gelebt und gearbeitet hatte, so wohlwollend über die Schweiz sprach – dieses ein wenig bärbeißige, zuweilen verstockte und auf Fremde abweisend wirkende Land. Es gab zwar dort für Ausländer jede Menge Hürden zu überwinden. Aber die Hürden, die es zu überwinden galt, waren *sichtbar*. Man wurde mit seinem Fremdsein konfrontiert. Man sah es den Leuten an, was sie von einem hielten. Oder bekam es gleich mitgeteilt. Schau mal, ein Neger! – Das ist aber nicht grad ein Schweizer Name! – Was, *Sie* haben einen Doktortitel?

Und weil man es ihnen ansah oder zu hören bekam, konnte man erklären, dagegenhalten, streiten. Den anderen zwingen, Stellung zu beziehen. Man erhielt hier die Chance, die Eingeborenen in harter Kleinarbeit davon zu überzeugen, dass man kein Drogenhändler, Nachtruhestörer oder Treppenhausverunreiniger war. Sondern ein Anständiger, mit dem man sich durchaus zum Feierabendbier verabreden konnte. Früher oder später war es hier möglich dazuzugehören, wenn man nur genug wollte. – In mancher Hinsicht war es einfacher, mit dieser Konstellation umzugehen als mit einer eisigen Toleranz, die häufig nicht viel mehr bedeutete als: Ich tret dir nicht zu nahe, aber tritt du auch mir nicht zu nahe.

Die Archivleiterin drückte mir ein Merkblatt in die Hand, das ich aufmerksam durchzulesen hatte. Dann machte sie mich mit den diversen Regeln vertraut, die mit einem Aufenthalt in ihren Räumlichkeiten verbunden waren. Zum Beispiel, dass, wer Passagen aus alten Studentenmagazinen oder Vorlesungsverzeichnissen zu kopieren wünschte, die entsprechenden Seiten mit den für diesen Zweck bereitgelegten Norm-Papierschnitzeln zu markieren hatte. Oder dass man sich Notizen nur mit einem Bleistift machen durfte. Selbst wenn die eigene Handschrift bereits mit Kugelschreiber ins Unentzifferbare tendierte, weil man aufgrund der sehr traditionellen Weltanschauung von Fräulein Kovacic – ansonsten die beste Primarschullehrerin, die man sich wünschen konnte, Gott behüte sie –, weil man aufgrund einer tiefen inneren Überzeugung dieser untadeligen Pädagogin als letzter Linkshänder der westlichen Hemisphäre gezwungen worden war, mit der rechten Hand zu schreiben.

Um die mittels Norm-Papierschnitzel geltend gemachten Kopierwünsche erfüllt zu bekommen, musste ich auch noch zwei Formulare zu Händen des *College Archives & Corporate Records Unit* ausfüllen und unterzeichnen. Beim Wort «bürokratisch» denken viele Menschen zuerst an Drittweltländer oder an Operettendiktaturen à la Turkmenistan oder an einen schlechtrasierten römischen Polizeibeamten. Die Engländer werden in dieser Hinsicht schwer unterschätzt.

Die Ausbeute an Informationen war eher enttäuschend. Den Ausgaben eines Studentenmagazins namens *Felix* aus dem akademischen Jahr 1949/50 entnahm ich Eigenheiten und Schrulligkeiten jener Zeit im Allgemeinen und des Britentums im Besonderen. Zwei Studenten, die nach der *Bonfire Night* (einem sehr anglikanischen Fest) die Nachtruhe gestört hatten, wurden für nicht weniger als zwei Wochen in Polizeigewahrsam genommen. Der Vorsitzende einer konservativen Verbindung beobachtete, dass «die Frauen von heute immer maskuliner und die Männer immer femininer werden». Ein Student beklagte sich über die Preise in der Kantine, insbesondere die drei Pence für ein Sandwich, das «aus zwei dünnen Toastscheiben besteht, mit einem undefinierbaren Ersatz-Brotaufstrich dazwischen». Ein Hinweis darauf, dass man auch in der Siegerkapitale London noch immer unter den Nachwirkungen des Krieges litt.

Immerhin stieß ich auf ein Exemplar eines von den Ingenieurstudenten herausgegebenen Journals aus dem Jahr 1951. Kenneth, der offenbar zu dieser Zeit leitender Redakteur gewesen war, hatte das Editorial verfasst – und mein Vater einen ellenlangen Aufsatz zu indischer Architektur von den Anfängen (3000 v. Chr.) bis zur Gegenwart beigesteuert. Der Aufsatz zeugte von der fortgeschrittenen Anglisierung des damals Sechsundzwanzigjährigen. Es war die Rede von «Spitzbögen, die ihre Entsprechung in der europäischen Gotik finden» oder von neuen Bautechniken, die «mit der Ankunft des Islams auf dem indischen Subkontinent Einzug hielten». Der Ton war sachlich, distanziert, als ob ihn das alles nichts angehen würde und er keinerlei persönlichen Bezug zu der Materie hätte.

Einzig im Schlussabschnitt, der einen mild appellativen Charakter trug, leistete sich mein Vater ein klein wenig Emotionalität. Er verwies auf die zentrale Bedeutung der indischen Architektur für den gesamten asiatischen Raum und zitierte einen Gelehrten, der sie gar als «Matrix der Zivilisation» bezeichnet hatte. An die Ideale der Vereinten Nationen erinnernd, die wenige Jahre zuvor gegründet worden waren, folgerte er: «Ein Verständnis der Architektur dieses Landes trägt zu einem besseren Verständnis der Welt bei und fördert die Freundschaft zwischen Ost und West, den Goodwill zwischen den Rassen und den Frieden unter den Völkern.»

Mein Vater war damals offensichtlich von demselben Geist erfüllt, der auch im Kondolenzschreiben von Kenneth zu erkennen war. Ein Geist, der in Übereinstimmung stand mit der arglosen Weltsicht, wie sie an der Ingenieursfakultät vorherrschte: eine Mischung aus undogmatischem Internationalismus und technokratischem Fortschrittsglauben. Schließlich waren die Mitglieder dazu auserkoren, wie es die Verfasserin einer 800-seitigen Geschichte des Imperial College formulierte, «eine zentrale Rolle bei der (ästhetisch) nicht immer willkommenen Verbreitung der Betontechnologie rund um den Globus zu spielen».

Mein Vater war ein Kind seiner Zeit gewesen. Welch banale Erkenntnis. Aber nicht unbedingt eine, die mir gefiel. Wenn Kenneth in seinem Brief anerkennend bemerkte, «Zia hat wie ein Pferd geschuftet» und ich später in dem 800-seitigen Geschichtsbuch das Zitat eines Zeitzeugen lesen musste, dass man am College «einer großen Anzahl emsiger Inder begegnet, die selbst an Heiligabend ihren Studien nachgehen», dann raubte das meinem Vater etwas von seiner Einmaligkeit. Und wenn der bezaubernde indische Romancier Vikram Seth eine seiner Figuren in aller Lässigkeit sagen ließ «Natürlich wurde ich sehr anglisiert, aber das war damals Mode», dann empfand ich das, so irrational es war, als leise Kränkung.

Überhaupt wurde man ziemlich empfindlich, wenn man sich auf die Spuren des Vaters begab: Im Anhang eines Jahrbuchs fand ich Kenneth' Namen ein weiteres Mal. Er hatte eine Auszeichnung namens *Henrici Medal and Premium* gewonnen. Mein Vater schien keine Preise gewonnen zu haben. War er der schlechtere Student gewesen? Und wieso hatte er seine Doktorarbeit zwei Jahre nach Kenneth fertiggestellt? Musste er neben dem Studium arbeiten, weil er kein Geld hatte? Oder war er einfach langsamer und weniger begabt als seine Kommilitonen? Blödsinn. Wäre er eine Niete gewesen, dann hätte er es gar nie an diese Universität von Weltrang geschafft. Oder vielleicht doch? Schließlich gab es gemäß der Archivleiterin «Quoten» für Studenten aus dem Commonwealth. Und hatte sie es nicht mit einem Hauch genau jener Überheblichkeit gesagt, mit der ihre Büronachbarin, Lady Vettel, so reichlich gesegnet war? Wahrscheinlich war ich zurzeit wirklich ein bisschen sehr empfindlich.

Vor allem: Ich wusste noch immer viel zu wenig. Wie hatte mein Vater sein Studium finanziert, wann genau war er nach London gekommen, was hatte er vorher gemacht? Seine Studentenkarte, die mir vielleicht auf die beiden ersten Fragen hätte Auskunft geben können, wollte oder durfte die Archivleiterin nicht herausrücken. Aus Gründen des «Persönlichkeitsschutzes», wie sie sagte. Mein Einwand, dass ich a) sein nächster Verwandter sei, b) die einzige Person, die sich jemals für diese Karte interessieren würde, c) die Informationen für ein

Buch bräuchte, d) die zu schützende Persönlichkeit seit sieben Jahren tot sei und e) dieses bald sechzig Jahre alte Dokument kaum delikate Geheimdienstinformationen enthalten würde, fruchtete nichts. Ich musste schriftlich eine Sondergenehmigung beantragen. Doch bis mir diese vielleicht irgendwann einmal erteilt wurde, so stand aufgrund meiner bisherigen Erfahrungen zu befürchten, konnten Wochen, wenn nicht Jahrzehnte vergehen.

Was die Ausbildung meines Vaters vor der Zeit in London betraf, war ich auf Hilfe aus Indien angewiesen. Ein Albtraum. In ihrer Grabrede hatte meine Mutter erwähnt, dass ihr Gatte als Teenager auf einer Jesuitenschule in Madras gewesen sei. Dies wäre natürlich eine Erklärung für seine westliche Grundierung. Aber auf welcher Schule? Und stimmte die Information überhaupt? Mein Vater hatte mir gegenüber nie etwas in der Richtung erwähnt. – Hallo, Babu …, Liebe Nowrose …, Sehr geehrter Pater X … Niemand antwortete, keiner wollte oder konnte mir weiterhelfen, nirgends kam ich einen Schritt weiter. Und in weniger als zwei Wochen würde ich nach Indien reisen. Unvorbereitet, unwissend und ohne Plan. Ziemlich geknickt verabschiedete ich mich von der Archivleiterin. Als ich das Büro von Lady Vettel passierte, hauchte ich einen derben englischen Fluch gegen die Tür.

132 Kensington Park Road, 105a Old Brompton Road, 27 Penywern Road, 115 Canfield Gardens (c/o Mrs. E. Hayes): Am nächsten Tag suchte ich die Orte auf, an denen mein Vater als Student gelebt hatte. Die Angaben entstammten einem amtlichen Formular, das ich in dem Umzugskarton gefunden hatte. Ich weiß nicht, was ich mir von der Tour erhoffte. Es war wohl einfach ein kleiner sentimentaler Streifzug, mehr nicht.

Die ersten drei Adressen waren mehr oder weniger in Universitätsnähe. An zweien befanden sich große viktorianische Wohnhäuser, an der dritten ein neueres Gebäude mit einem Lokal namens «Gourmet Burger» im Erdgeschoss.

Vielleicht hatten die Immobilien einst der Universität gehört, die sie zu Studentenheimen umfunktionierte. Heute aber waren das begehrte, für Menschen aus der Mittelschicht unerschwingliche Wohnlagen. Die Ferrari-Vertretung an der Old Brompton Road oder die blonden Edelrussinnen, die die Kensington Park Road entlangstöckelten, waren schnittige Indizien hierfür. Selbst wenn man aus einem der vermeintlich reichsten Länder Europas stammte, signalisierte all das hier: Ich bleibe draußen. Mir kamen die Worte eines befreundeten Journalisten der *Financial Times* in den Sinn, der gesagt hatte: «London ist übervoll von stinkreichen Leuten. Dieser Stadt trieft das Geld aus jeder Pore.» Aber klar, seine Bemerkung stammte aus den Zeiten, bevor die Finanzwelt das Schicksal der Titanic ereilte.

Auch die letzte Adresse (Canfield Gardens, c/o Mrs. E. Hayes) befand sich in einer sehr gepflegten Gegend mit alten Bäumen, hübschen Häusern aus rotem Backstein und davor geparkten Offroadern. Hier war ich vermutlich als kleiner Junge mit meinen Eltern schon einmal zu Besuch gewesen. Bei Mrs. Hayes handelte es sich nämlich um die *Landlady*, die meinen Vater während einiger Jahre beherbergte und mit der Zeit zu einer Art Ersatzmutter für den jungen Mann aus dem südindischen Dorf geworden war. Mehr als einmal hatte er mir voller Zuneigung von ihr erzählt. Wie sie ihm eine warme Mahlzeit zubereitete, wenn er spätabends aus dem Labor für Betonbau heimkehrte, oder ihm eine Shillingmünze auf den

Nachtschrank legte, damit er die Gasheizung in seinem Zimmer in Betrieb halten konnte.

Die größte Leistung von Mrs. Hayes war aber wahrscheinlich, dass sie meinen Vater *überhaupt* bei sich wohnen ließ. In den Jahren nach 1945 war London ein ziemlich ausländerfeindlicher Flecken. Selbst Jamaikaner und Inder, die im Krieg ihr Leben für Krone und Vaterland eingesetzt hatten, wurden auf der Straße als *Nigger* und *Darkie* angepöbelt, in Pubs nicht bedient und bei der Wohnungssuche massiv benachteiligt. Wie ich von dem kanadischen Historiker erfuhr, gab es in der Stadt Pensionen, die Schilder angebracht hatten, auf denen stand: *No coloureds, no Irish, no dogs.* Keine Farbigen, keine Iren, keine Hunde.

Die Briten hatten im Zweiten Weltkrieg heldenhaft gegen einen mörderischen Psychopathenstaat gekämpft. Dafür soll man ihnen noch in tausend Jahren dankbar sein. Aber den Heiligenschein, den sie sich bisweilen aufsetzten – allumfassende Fairness, makellose Zivilisiertheit, grenzenloser Anstand –, den hatten sie nicht unbedingt verdient.

Anderntags fuhr ich mit dem Zug von der Victoria Station nach Worthing, um Kenneth' Frau zu besuchen. Der an der Südküste gelegene Ort war eine für britische Verhältnisse liebliche Stadt mit einem für britische Verhältnisse angenehmen Klima, weswegen er von gutsituierten Pensionären geschätzt wurde. Auf der U-Bahn-Fahrt von Gregs Haus zum Bahnhof hatte ich eine halbe Stunde zwischen Teenagern eingepfercht gestanden. Danach reihte ich mich am Fahrkartenschalter in eine gut fünfzig Meter lange Schlange ein. London war eben ein Ort, der zu jeder Tageszeit voll war. Als herrsche immer Schlussverkauf.

Die Bahnreise verlief angenehm. Ich fand einen Sitzplatz, keine Selbstverständlichkeit in englischen Zügen, und wir kamen pünktlich in Worthing an, was angesichts der Schneeflocken, die vom Himmel trudelten, für dieses Land eine kleine Sensation darstellte.

Beim Aussteigen glaubte ich im ersten Moment, Kenneth am Ende des Bahnsteigs zu sehen. In Wahrheit war es sein Sohn. Der befand sich jetzt beinahe im Alter von Kenneth, als ich diesem zum letzten Mal begegnet war. Der Sohn sah seinem Vater nicht nur sehr ähnlich, er sprach auch mit derselben vertrauenerweckenden Bassstimme. Obwohl er ein vielbeschäftigter Manager ist und wir uns noch nie begegnet waren, hatte er sofort angeboten, mich vom Bahnhof abzuholen und zu seiner Mutter zu chauffieren. Er wusste um die enge Freundschaft unserer Väter. Das genügte.

Dennoch war es eine eigenartig intime und letztlich unpassende Situation, wie wir zu dritt im Wohnzimmer saßen und Tee tranken; ich der Witwe von Kenneth persönliche Fragen stellend, sie von vergangenen Zeiten berichtend, der Sohn seiner alten Mutter beistehend, wenn sie sich in ihren Ausführungen verlor. Sie war eine in Jamaika geborene Engländerin und hatte ihren Ehemann während der Ausbildung zur Krankenschwester in London kennengelernt. Eines der ersten Male, als er sie ausführte, in ein chinesisches Lokal in Camden, sei er in Begleitung von «Zia» erschienen, wie auch sie meinen Vater nannte. (Im Lauf unserer Unterhaltung ging sie dazu über, mich ebenfalls Zia zu nennen.)

Über die Beziehung der beiden sprach sie mit mütterlicher Wärme. Als handelte es sich um Lausbuben, die mit ihrem fröhlichen Auftreten die Umwelt erheiterten: «Diese zwei

Männer – sie waren so lustig, wenn sie zusammen waren!» Sie erinnerte sich an das letzte Telefongespräch der beiden, wenige Tage vor dem Tod meines Vaters. Kenneth begrüßte seinen indischen Freund so wie fast immer in all den Jahren: «*Hello, black man!*»

Zwar war ich nicht schwarz, sondern bestenfalls urlaubsbraun. Dennoch verstand ich zutiefst, was der Ausspruch über das Verhältnis der beiden zueinander aussagte und welche Bedeutung die Neckerei für meinen Vater gehabt haben musste. Kenneth brachte dadurch zur Sprache, dass er sich ihrer unterschiedlichen Hautfarbe durchaus bewusst war. Dass sie ihm aber trotzdem egal war. Und zwar so vollkommen egal, dass er sich die Freiheit nahm, darüber Witze zu machen.

Just im Anerkennen der Differenz manifestierte sich das hohe Maß an Unverkrampftheit und Gleichberechtigung in ihrer Beziehung. Durch das Thematisieren verschwand das Thema – ein wohltuender Kontrast zu der verkrampften Lockerheit, mit der so manch ein Ausländerfreund die Differenz zwischen sich und dunkelhäutigen Mitbürgern zu überspielen versuchte. Der Grund für solches Verhalten war klar: ja nichts falsch machen, bloß nichts Verkehrtes sagen. Ausgerechnet dieses Verhalten *war* aber falsch. Denn es stempelte den dergestalt Geschonten zu dem, was er zuallerletzt sein wollte: zu einem Fremden. Die Rücksichtnahme der anderen, ihre ausgesuchte Höflichkeit, das Verhaltene: All das waren sichere Zeichen, dass man nicht richtig dazugehörte.

Dies hatte ich als Jugendlicher selbst erlebt, allerdings in einem harmlosen Kontext, der überhaupt nichts mit meiner Herkunft zu tun hatte: im Fußballverein. Ich war der einzige Gymnasiast weit und breit. Gymnasiast – nur schon das Wort fanden die Mannschaftskollegen, angehende Klempner, Maurer und Schalterbeamte, total doof. Trotzdem: Ich war eine Teamstütze, ich war akzeptiert, ich hatte keine Probleme mit niemandem. Wir trafen uns vier- bis fünfmal pro Woche zum Training oder zum Spiel. Danach gingen wir in die Kneipe und tranken eine Cola.

Sobald aber der angehende Klempner mit dem angehenden Maurer über die Mädchen am Nebentisch redete, hörte es sich anders an, vulgärer, ungestümer, als wenn er mit mir über sie sprach. (Wenn er überhaupt mit mir über Mädchen sprach.) Und wenn der Klempner in die Disco wollte, so hieß das damals, dann fragte er immer den Maurer und niemals mich. Nicht, weil er mich nicht mochte oder mit mir unter keinen Umständen dort hinwollte. Sondern, weil er es gar nie in Betracht zog, dass es einem wie mir an so einem Ort gefallen könnte. Ich war Gymnasiast, ich gehörte in seinen Augen dort nicht hin. So wie er nicht in Ballettaufführungen gehörte oder in Kunstvorträge oder wo auch immer Gymnasiasten ihre Freizeit verbrachten. Der Klempner nahm Rücksicht darauf, dass ich ein besonderer Fall war. Wir blieben uns fremd.

Kenneth nahm keine Rücksicht. Mein Vater war für ihn kein besonderer Fall, sondern ein Freund. Kenneth brauchte gar keine Rücksicht zu nehmen. Er hatte keine Angst, etwas Falsches zu sagen oder zu tun, weil er nichts Falsches dachte. Ähnlich verhielt es sich mit Bemerkungen, Sprüchen und Zoten über Hautfarbe und Religion. Häufig ist es nicht der Inhalt, der darüber entscheidet, ob eine Äußerung amüsant ist oder verletzend, passend oder daneben. Sondern die *Art*, wie etwas gesagt (oder nicht gesagt) wird, die Haltung dahinter. Dafür entwickelt man als Halbbrauner, Vollschwarzer, Dreivierteljude oder Deutschtürke ein feines Gespür. Oft sind jene, die Neger sagen, genau jene, die Neger meinen. Auch wenn sie, Arglosigkeit heuchelnd, ihre Bemerkung mit einem «Was ist denn schon dabei?» oder «Ach, das war doch nicht böse gemeint» zu veredeln suchen. Es gibt mit anderen Worten zwei Sorten, die unsereins nicht mag: verkrampft lockere Ausländerfreunde und Unverkrampftheit vortäuschende Ausländerfeinde.

Es ist nur bedingt möglich, alte Menschen zu interviewen: Warum, wo, wann genau, was passierte danach, und wer war sonst noch dabei? Die einen hören schlecht, die anderen können sich nicht erinnern, wieder andere sind der – meist berechtigten – Ansicht, interessant sei nicht, was den juvenilen Fragesteller interessiert, sondern was sie zu erzählen haben. Wenn man aber den Dingen mit einem gewissen Fatalismus ihren Lauf lässt, wird man mit Informationen belohnt, die zu erfragen einem nie in den Sinn gekommen wäre. Nach der dritten Tasse Tee sagte Kenneth' Witwe: «Und dann wurden Zia von seinem Vater die Unterhaltszahlungen gestrichen.»

Ich war in doppelter Weise verblüfft. Wenn sein Vater Unterhaltszahlungen geleistet hatte, dann bedeutete dies doch, dass die Familie gar nicht so arm gewesen sein konnte. Dies widersprach dem Bild, das mir meine Eltern von ihr vermittelt hatten, ebenso wie meinen eigenen Eindrücken in Srivaikuntam. Dass Babu es sich leisten konnte, seinen Töchtern ein Studium in Europa zu finanzieren? Undenkbar. Trotzdem verunsicherte mich der Hinweis, und ich entwickelte aufgrund meines labilen Gemütszustands sonderbare Phantasien: mein Vater, ein beschränkter Tropf, der dank des Geldes von Herrn Papa ein bisschen in England herumstudieren durfte.

Später fand ich im *Senate House*, der Zentralbibliothek Londons, seine Doktorarbeit. Ihr Titel lautete in etwa wie folgt, die Ingenieure dieser Welt mögen mir die hanebüchene Übersetzung nachsehen:

Bruch-Dehnungsverteilung in mittels hochfestem Stahl verstärkten Betonträgern, unter besonderer Berücksichtigung der Einflüsse von
Vorspannung und Haftung
von V.M.S. Ziauddin, B.E., M.Sc. (Eng), D.I.C.
Imperial College, London 1953

Aus der Danksagung ging hervor, dass mein Vater Stipendien bezog. Diese fielen offenbar derart kümmerlich aus, dass er nicht nur in einem Ingenieurbüro Geld dazuverdienen musste, sondern sein gutherziger Chef ihm gleich noch die Prüfungsgebühren bezahlte und die Kosten für die Vervielfältigung der Doktorarbeit übernahm. Allzu viel konnte es demnach nicht gewesen sein, was da monatlich aus Indien kam. Ich war erleichtert.

Des Weiteren sprach mein Vater einem freundlichen Nachtportier seine tiefe Verbundenheit aus, der ihm jeweils spätabends Zugang zum Betonlabor der Universität verschafft hatte. Danksagungen und Nachworte von monumentalen Arbeiten – und darum handelte es sich bei der Dissertation meines Vaters – verströmen häufig eine eigene Melancholie, die geprägt ist von der Erschöpfung des Autors, feierlicher Freude und der Erinnerung an die Stunden des Zweifels und der Einsamkeit. Ich hätte den Nachtportier für seine Hilfsbereitschaft gerne in den Arm genommen.

Mein Vater hatte also während des Studiums ein klein bisschen Geld von seinem Vater erhalten. (Da ich Letzteren nie kennengelernt hatte, widerstrebte es mir, ihn «meinen Großvater» zu nennen.) Die Existenz solcher Zuwendungen war zwar eine Überraschung. Viel überraschender war aber der Umstand, dass die beiden überhaupt miteinander in Kontakt standen. Was ich aus den Erzählungen meiner Eltern wusste oder zu wissen glaubte, war nämlich Folgendes: Dieser Mann hatte Anfang der vierziger Jahre die Mutter meines Vaters verlassen und war mit einer anderen nach Ceylon, heute Sri Lanka, durchgebrannt. In einem Dorf wie Srivaikuntam ein unglaublicher Skandal. Und eine Katastrophe für die Mutter, eine Analphabetin, die fortan für acht minderjährige Kinder, davon sieben Mädchen, zu sorgen hatte.

Die wenigen Male, da mein Vater in meiner Gegenwart darüber sprach, war seine Stimme voller Zorn und schneidender Verachtung. So zumindest hatte ich das damals empfunden. Heute würde ich es eher als anhaltenden Schmerz und Fassungslosigkeit bezeichnen. Sein Vater hatte ihn im Stich gelassen, und er selbst war dadurch mit sechzehn Jahren in die Rolle des einzigen männlichen Familienmitglieds gedrängt worden. Den Treuebruch hatte er ihm nie verziehen, deswegen das Zerwürfnis zwischen den beiden. Ein Zerwürfnis allerdings, wie sich jetzt herausstellte, das zu jenem Zeitpunkt weniger endgültig gewesen war, als es mein Vater mir gegenüber immer dargestellt hatte.

Vollends zerbrach ihre Beziehung wohl erst durch den Konflikt, der zur Streichung der Unterstützungsbeiträge führte. Kenneth' Witwe erinnerte sich: «Eines Tages erhielt Zia einen Brief, in dem ihm sein Vater beschied, es sei jetzt genug studiert und an der Zeit, heimzukehren.» Der Vater hatte – in bester indischer Tradition – eine Braut für seinen Sohn ausgesucht und bereits einen Termin für die Hochzeit ins Auge gefasst. «Zia hatte kurz zuvor mit der Doktorarbeit begonnen und war *not amused*. Dies teilte er seinem Vater auch in aller Deutlichkeit mit.» Angesichts seines Temperaments und der Stupidität des väterlichen Plans konnte ich mir vorstellen, was das bedeutete: Mein Vater dürfte die Fünfzigerjahreversion eines «Du kannst mich mal» nach Indien beziehungsweise Ceylon übermittelt haben. Dies war wohl auch der Moment, als er den endgültigen Entschluss fasste, nicht mehr zurückzukehren und stattdessen ein Leben nach europäischer Façon zu führen.

Von meiner Großmutter wusste ich, dass sie eine ernsthafte, aber liebenswürdige Person gewesen sein muss. Ich besaß ein Bild von ihr, auf dem sie etwa achtzig Jahre alt war und das sie mit dem jungen Babu zeigte. Ich fand, dass sie Tante Ummul, ihrer ältesten Tochter, recht ähnlich sah. Allerdings war ihr Blick strenger und die Haltung aufrechter. Sie war das Familienoberhaupt, und das sah man ihr auch an. Vom Vater meines Vaters hingegen besaß ich weder ein Bild, noch wusste ich etwas über ihn. Außer eben, dass er seine Familie verlassen hatte und später meinen Vater zwangsverheiraten sowie zur Aufgabe des Studiums nötigen wollte. Bravo. Das reichte mir an Informationen, und ich war nicht sonderlich interessiert, mehr über ihn in Erfahrung zu bringen. Ich konnte damals nicht ahnen, wie nahe ich meinem Großvater noch kommen sollte.

Beim abschließenden Lunch tauschten Kenneth' Sohn, seine Mutter und ich weitere Reminiszenzen und Höflichkeiten aus. Es gab ein nepalesisches Gericht, das wir über einen Hauslieferdienst bestellt hatten. Das Gericht war miserabel, die alte Dame aß in untadeliger Haltung, die Standuhr machte «ding, ding, dang, dong», der Sohn rühmte die Zartheit des Fleisches («*lovely*, ist es nicht?»), obwohl er die kultivierten Gesichtszüge eines Genießers besaß und es bestimmt besser wusste. Ich wurde unweigerlich an eine der Lieblingsanekdoten meines Vaters erinnert. Wie er im Studentenheim für seine englischen Freunde ein Curry zubereitet hatte. Und diese sich, obwohl sie fast keinen Bissen hinunterbrachten, in ihrem Lob gegenseitig übertrafen. Ausgezeichnet! Deliziös! Du musst uns das Rezept verraten! O ja, unbedingt! Als er die Freunde, ermutigt von ihrem Lob und unbeirrt durch ihren geringen Appetit, abermals einladen wollte, brummte Kenneth unter allgemeinem Gelächter: «Zia, du kochst noch schlechter als du singst.»

Studentenzeit in London: mein Vater (rechts) mit einem befreundeten Kommilitonen und dessen Sohn, ca. 1953.

Hochzeit in Ghana: Am 10. Juni 1961 gaben sich meine Eltern in der Holy Spirit Cathedral von Accra das Jawort. Der abgebildete Ford Anglia war das einzige Auto, das sie je besaßen.

Accra: die frisch Vermählten mit Freunden an einem Bankett.

Die ironische Pointe des sehr kolonialen Arrangements: Der Hausherr (rechts) ist so schwarz wie seine Bediensteten. Ghana, ca. 1963.

Anderer Kontinent, andere Szenerie: Ende der sechziger Jahre im Säli *eines Schweizer Berggasthofs.*

Der Autor mit französischer Großmutter, beobachtet von Großvater, Mutter und Tante.

*«Schau mal, ein Neger!»: der Autor und sein Vater
Ende der sechziger Jahre in Zürich.*

Sommerferien 1971: Minigolf an der
slowenischen Adriaküste.

*«Anpassung an unsere Verhältnisse»: mein Vater mit
Schweizer Arbeitskollegen.*

Freunde des Hauses: Gusti und Betty um 1976 in Zürich.

Indisch-französisch-schweizerische Familienfeier in den frühen Siebzigern. Am Kopf des Tisches meine Grand-mère, von ihren Kindern «Der General» genannt.

Tschechoslowakei 1982: mit Olga und ihrem Mann Dominik vor deren Datscha.

Meine indische Großmutter! Oben mit dem jungen Babu und seiner Frau.
Unten im Jahr 1984, während einer der raren Besuche ihres geliebten Sohnes.

«In der Schweiz geborener Schweizer»: der Autor als Tarzan.
Kinderzirkus Ullalla-Bassisi, 1971.

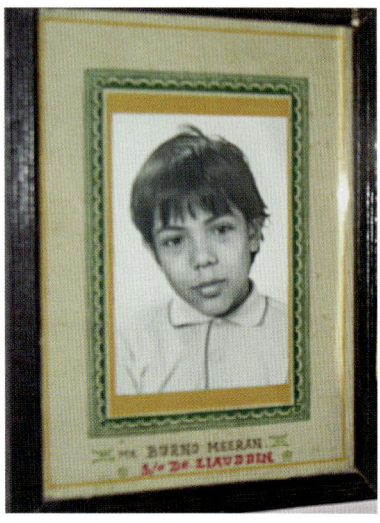

Der Autor im Teenageralter –
Thailänder, Nordafrikaner, Indianer,
Filipino, Tessiner, Ausländer?

Hängt in Srivaikuntam in jedem guten
Haushalt: Bruno alias Burno.

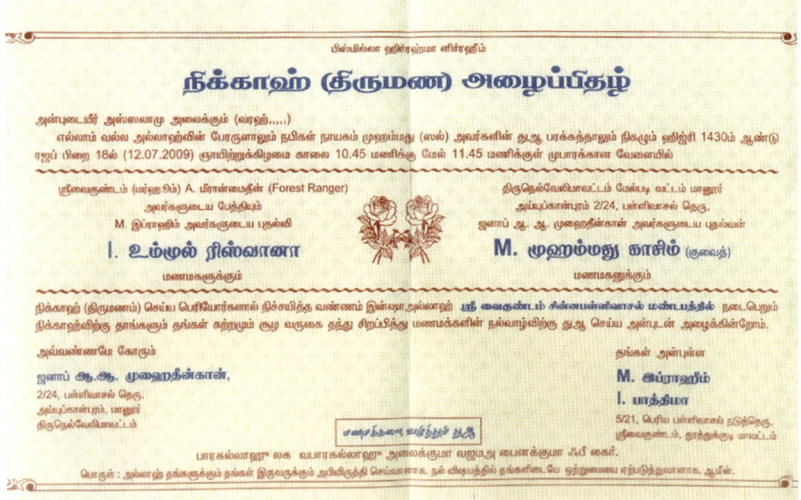

So sieht eine tamilische Hochzeitseinladung aus.

Nowrose und ihre Mutter, meine jüngste Tante.

So groß und so blond! Silvia wird in einen Sari gewickelt.

Am Vorabend der Hochzeit von Babus Tochter.
Links (mit Brille): Mister Yusuf.

Alle meine Tanten auf einem Bild! Zahira, Kamarunisa, Ummul, Noor
und Jawahar Nisha (von links) vor Babus Haus, im Dezember 2008.

Das legendäre Sofa (mit Babu, seiner jüngsten Tochter sowie meinen Tanten Ummul und Kamarunisa‹).

Verwandte oder «Verwandte»? Der Autor mit Besuchern posierend.

Srivaikuntam 2008: die Big Mosque Street, Hauptstraße des Muslimviertels. Im Hintergrund die Moschee.

Ist das mein Großvater? Und wieso ist er in einer tamilischen Zeitung abgebildet?

*«Es ist ja doch noch etwas aus ihm geworden»:
C. S. Kuppu Raj, Studienfreund meines Vaters,
Madras 2008.*

Am Tag vor der Hochzeit: der Autor mit den
neuentdeckten Cousins aus Sri Lanka.

Eral, 25. Dezember 2008: das Brautpaar,
das sich seit drei Stunden kennt.

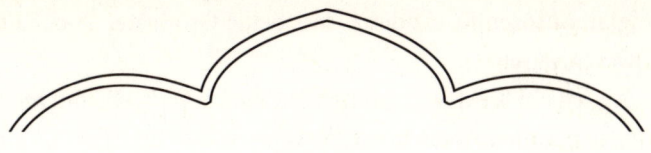

GHANA

Nein, nach Ghana ging ich nicht auch noch. Dafür war die Zeit zu knapp, zudem hatte ich zu wenig Anknüpfungspunkte, als dass sich die weite Reise gelohnt hätte. Auch wenn ich das Land, in dem meine Eltern geheiratet hatten und ich gezeugt worden war, gerne einmal gesehen hätte. Stattdessen schrieb ich einen Brief an Martin Wels in Accra, Ghanas Hauptstadt, und fuhr für ein langes Wochenende zu Olga nach Bratislava.

Martin Wels war der Pastor, der meine Eltern getraut hatte. Und zwar am 10. Juni 1961 um elf Uhr morgens in der Holy Spirit Cathedral im Stadtteil Adabraka. Es war erst die vierzehnte Eheschließung des Jahres in dieser Kirche. Die Angaben entnahm ich dem Trauschein, den ich bei einer meiner planlosen Wühlaktionen im Umzugskarton gefunden hatte (der Hang zum Unmethodischen war mir wohl von meinem Vater vererbt worden). Das Dokument enthielt ferner die Unterschriften der Trauzeugen, nicht weniger als fünf an der Zahl. Die Unterschriften waren leider unentzifferbar und die Namen nirgends in Druckbuchstaben aufgeführt. Ein Gespräch mit einem der Trauzeugen, das hätte ich mir aufregend vorgestellt. Auch Beruf und Name der Väter des Brautpaars waren vermerkt. So erfuhr ich von der erstaunlichen, wenngleich unglamourösen Koinzidenz, dass beide Großväter Buchhalter gewesen waren.

Als ich ein Kind war, sandten wir *Father Wels*, wie ihn meine Eltern nannten, manchmal Postkarten aus den Ferien. Und er schrieb uns fröhliche Briefe, die mit riesigen ghanaischen Marken versehen waren. Da die Korrespondenz auf Englisch erfolgte und mein Vater seinen Namen englisch aussprach – «Wells» –, war ich immer davon ausgegangen, dass es sich um einen britischen Geistlichen handelte, was angesichts der Tatsache, dass Ghana bis 1957 eine Kronkolonie gewesen war, nicht verwundert hätte. Im Adressbuch meines Vaters war aber unter dem Namen eine Kontaktperson in der Nähe von Tübingen eingetragen. In Wahrheit handelte es sich bei Pater Wels um den deutschen Missionar einer römisch-katholischen Ordensgemeinschaft.

Über die Kontaktperson fand ich heraus, dass Wels, mittlerweile 87 Jahre alt, noch immer in Ghana wirkte und auf postalischem Wege gut zu erreichen war. Ich schrieb ihm einen Brief, in dem ich mein Buchprojekt erklärte und darum bat, einige Fragen zu meinen Eltern zu beantworten. Ob er sich an die Hochzeitszeremonie erinnern könne, ob sie ein glückliches Paar gewesen seien, wie ungewöhnlich die Trauung zwischen einem schwarzen Mann und einer weißen Frau damals gewesen sei und ob er der Ehe eine gute Prognose ausgestellt habe, falls man sich als Priester derlei Gedanken überhaupt mache.

Pater Wels antwortete prompt. Den Stil seines Briefes könnte man als freundlich-resolut bezeichnen. Ich vermute, das lag daran, dass alte Menschen häufig kein allzu großes Interesse mehr für Sentimentalitäten aufbringen. Man wusste nicht, wie viel Zeit einem noch blieb, es galt, sich auf das Wesentliche zu konzentrieren, es ging um das Hier und Jetzt. Schon die Bereitschaft, auf ein Anliegen wie das meinige einzugehen, war ein Akt der Großzügigkeit.

Nein, er könne sich nicht erinnern. Zu lange her, zu viele Trauungen seither. «Freut mich aber zu hören, dass Ihre Eltern durchhielten.» Während seines Heimaturlaubs in Deutschland sei er sie zweimal besuchen gekommen. Ich sei beide Male außer Haus gewesen. Einmal im Ferienlager, einmal beim Fußball. «Mich freute das. Es zeigt, dass man Ihnen die Freiheit gab, mit anderen Jugendlichen zusammen zu sein.» Ansonsten: keine weiteren Erinnerungen. «Vielleicht ist es ein Zeichen, dass Ihre Eltern wenig Probleme hatten, oder nicht genug wichtige, um sie mit mir zu teilen.» Er beendete seinen kurzen Brief mit: «Lieber Bob, ich wünsche Ihnen und Ihrer Familie frohe Weihnachten und Gottes Segen!!!»

War Kenneth' Frau im Verlauf unserer Unterhaltung dazu übergegangen, mich «Zia» zu nennen, so sprach mich also Pater Wels irrtümlicherweise mit «Bob» an. Die angelsächsische Kurzform von Robert war ein weiterer Spitzname, den mein Vater in England erworben hatte. Auch meine Mutter und viele Schweizer Freunde, zum Beispiel der kultivierte Unternehmer Ernst, nannten ihn so. Ebenso meine französische Großmutter. Aber bei ihr klang der Name natürlich französisch – ein Mittelding zwischen «Böb» und «Bab» –, weil bei den Franzosen alles französisch klingt.

Wahrscheinlich hätte sich auch Großmutters Deutsch französisch angehört. Hätte heißt: Obwohl sie fast sechzig Jahre ihres Lebens in Zürich verbrachte, sprach sie kaum ein Wort Deutsch. Heute würde man sie deswegen als schlecht integrierte Migrantin aus bildungsfernem Milieu bezeichnen. Damals kümmerte das keinen, weil die Leute in der Deutschschweiz noch Französisch konnten. Dafür konnten sie kein Englisch. Was wiederum meinen Vater benachteiligte, der erst mit Ende dreißig in die Schweiz zog, kein Fremdsprachengenie war und es nur noch zu einer Melange aus Mundart, Hochdeutsch, Englisch und onomatopoetischen Eigenkreationen brachte. Etwa drei Viertel seiner Umwelt verstand ihn nur schwer oder überhaupt nicht, ein Viertel hatte keinerlei Probleme. Es brauchte vermutlich einen gewissen Grad an Intelligenz und Musikalität, um ihm folgen zu können. Beweisen konnte ich die These aber nicht. Meine *Grand-mère* nannte er jedenfalls «Granma», was jeder verstand.

Aufgrund der Korrespondenz mit Pater Wels kam mir der Schimpfbrief wieder in den Sinn, den meine Mutter kurz vor ihrer Hochzeit verfasst, aber nicht abgeschickt hatte. Die Adressatin des Briefes lebte noch immer in Zürich. Natürlich ging ich sie besuchen. Sie war einige Jahre jünger als ihre verstorbene Busenfreundin und empfing mich mit den Worten: «Ich bin jetzt 73 und lüge nicht mehr.» Sie trat in derselben nonchalanten Art auf wie immer und schien seit dem letzten Mal, als wir uns gesehen hatten – am siebzigsten Geburtstag meiner Mutter –, praktisch unverändert. Dadurch kam mir dieser Tag auf einmal wieder sehr nahe. Ein eigenartiges Gefühl. Ein bisschen wie damals, als ich in der Hotellobby in Madurai dem Doppelgänger meines Vaters begegnet war.

Die Freundin hielt ihr Versprechen und redete unverblümt. Ich wusste das zu schätzen, weil es das Gespräch interessanter machte, obschon ich nicht alles, was sie mir erzählte, unbedingt hätte wissen wollen. Zum Beispiel die Tatsache, dass sie meinen Vater «nie sonderlich gemocht» hatte. Dafür konnte ich dank ihrer Schilderungen die Geschichte des Zusammentreffens meiner Eltern, die mir aus der Grabrede meiner Mutter bereits halbwegs bekannt war, vervollständigen. Inklusive Vorlauf und Kontext ging die Geschichte in etwa so:

Meine Mutter, Jahrgang 1929, war das älteste von vier Kindern. Als Teenager und junge Frau verbrachte sie gemäß ihrer Busenfreundin zu viel Zeit damit, sich um andere zu kümmern. Zuerst um die jüngeren Geschwister, dann um den gesundheitlich angeschlagenen Vater, der den frühen Unfalltod seines Lieblingssohnes nie verkraftet hatte. Und über alles, was sie tat oder nicht tat, hätte tun oder lassen sollen, wachte und richtete meine ultrastrenge Großmutter, die zu mir immer sehr nett gewesen war, im Familienjargon aber «Der General» genannt wurde.

Doch meine Mutter hatte nicht nur eine dienend-aufopfernde Seite (die von der Freundin, einer agnostischen Protestantin, mit dem katholisch-kleinbürgerlichen Milieu, in dem meine Mutter aufwuchs, erklärt wurde). Sie hatte auch einen Dickschädel und einen erheblichen Unabhängigkeitsdrang. Sonst heiratete man in jener Epoche als Tochter eines Schweizer Hilfsbuchhalters keinen «Schwarzen».

Ihr Weg von der engen Genossenschaftswohnung in die weite Welt führte Anfang der fünfziger Jahre zunächst in den sogenannten Bewegungschor des Zürcher Stadttheaters. Dieser diente dem Zweck, das etablierte Ensemble des Hauses «mit schönen jungen Mädchen zu dekorieren», wie es die Freundin ausdrückte. Mittwochs gab es gratis Ballettunterricht, dafür musste man sonntags, wenn die Zauberflöte aufgeführt wurde, im Bärenkostüm über die Bühne tapsen. Am Theater lernte meine Mutter einen anderen Schlag Menschen kennen, als sie es von zu Hause gewohnt war. Darunter ihre Busenfreundin, aber auch exilierte Schauspieler, Choreographen, homosexuelle Bühnenbildner. Sowie und vor allem: den vortrefflichen Opernsänger Gottlieb Zeithammer, einen temperamentvollen Wiener Juden, bei dem sie Gesangsstunden nahm, der später ein Freund meiner Eltern wurde und den ich als einfältiger Teenager für einen Reaktionär hielt, weil er nichts für meine langhaarigen Ansichten übrighatte und mir dies mit seiner ausgebildeten Bassstimme auch kundtat.

Das Ringen zwischen dem General und der abenteuerlustigen Tochter setzte sich fort, mit sporadischen Vorteilen für die Tochter, die als Au-pair nach Paris ging und später, gemeinsam mit ihrer Freundin, nach London. Gemäß dieser hatte meine Mutter «wie so oft Pech» und landete zunächst bei einem Ehepaar, das sich in Scheidung befand, dann in einer Familie, deren Hausherr an Krebs erkrankt war. Als ausgebildete Krankenschwester erledigte sie nicht nur den Haushalt, sondern pflegte wie selbstverständlich auch den Todkranken bis zu seinem Ableben.

So viel Ernsthaftigkeit, so viel Schwere. Das, so befand die besorgte Freundin, sei nicht gut für meine Mutter, die mittlerweile siebenundzwanzig Jahre alt war und, wie ein vertrauliches Gespräch zwischen den beiden enthüllt hatte, nicht einmal wusste, wie man richtig küsste! Es musste dringend für Zerstreuung gesorgt werden. Männerbekanntschaften mussten her. Und so nahm die Freundin sie zu einer Feier in einem Studentenheim mit: lauter indische Junggesellen, lauter naive Mädchen aus Deutschland und der Schweiz. Alsbald wurde meine Mutter von einem der Gastgeber angesprochen. Ein netter Typ, dessen bester Freund bereits mit einer Schweizerin verlobt war. Zwischen den beiden hat es dann nicht gefunkt, aber meine Mutter sei ganz fasziniert gewesen von diesen dunklen, wohlerzogenen Männern. Auf der bald darauf stattfindenden Hochzeit der Busenfreundin (die keinen Inder, sondern einen Amerikaner ehelichte) erschien sie im Sari.

Die Verkuppelungsbemühungen fruchteten vorerst nicht, und meine Mutter kehrte zurück in die elterliche Kaserne. Immerhin: Kurz davor oder kurz danach lernte sie einen Süditaliener kennen. Wann und unter welchen Umständen, ließ sich nicht mehr eruieren, da ihre Freundin nichts davon wusste oder sich nicht mehr erinnern konnte. Mir aber hatte sie einige Male von der Bekanntschaft erzählt. Vielleicht, um meinem Vater Paroli zu bieten, der sie manchmal mit Bemerkungen über seine schwedische Freundin hänselte, die er in jungen Jahren gehabt hatte. Dass es mit dem Süditaliener nicht hingehauen hatte, erklärte sie mir einmal so: «Immer nur in der Küche stehen und mir Vorschriften machen lassen? Nein, danke.»

Trotzdem malte ich mir manchmal aus, wie es gewesen wäre, wenn ich keinen indischen, sondern einen italienischen Vater gehabt hätte. Ich kam zu dem Schluss, dass ich ein schlechterer Schüler, dafür aber ein besserer Fußballer geworden wäre. Die Schulleistungshypothese nährte sich wahrscheinlich aus dem Umstand, dass meine italienischen Klassenkameraden aus Arbeiterfamilien stammten und sich notenmäßig eher in der unteren Tabellenhälfte bewegten. Die Fußball-Hypothese beruhte nicht nur auf den diesbezüglichen Triumphen der italienischen Nation, sondern auch auf dem Ausbleiben indischer Erfolge sowohl in dieser wie auch in sämtlichen anderen Sportarten auf Erden, Kricket ausgenommen. Inder sind nun mal nicht besonders schnell, nicht besonders groß und nicht besonders

kräftig gebaut – keine idealen Voraussetzungen für einen Fußballer. Und alle auf mich zutreffend, insbesondere die letzte:
Meine Handgelenke sind derart filigran, dass sie, von der nicht
unerheblichen Behaarung abgesehen, jedem Mädchen zur
Ehre gereichen würden.

Nach ihrer Rückkehr nahm meine Mutter die Gesangsstunden bei Gottlieb Zeithammer wieder auf, arbeitete am
Schalter einer Krankenkasse und wohnte, gemeinsam mit ihrer Schwester, weitere zwei oder drei Jahre bei den Eltern. Es
muss im Spätherbst des Jahres 1959 gewesen sein, als sie ein
Brief aus London erreichte. Er stammte von einer Bekannten,
die ebenfalls auf jener Feier im Studentenheim dabei gewesen
war. Die Bekannte hatte mittlerweile geheiratet, natürlich einen Inder. In dem Brief erkundigte sie sich, ob meine Mutter
allenfalls bereit wäre, einem Freund ihres Gatten, der sich auf
Europareise befand, Zürich zu zeigen. Der Europareisende war
mein Vater.

In ihrer Grabrede schilderte sie die erste Begegnung mit
ihrem künftigen Mann so:

*Kennengelernt haben wir uns auf eine ganz außergewöhnliche
Weise. Durch eine Freundin von mir in London. Weil ich Englisch spreche, hat sie mich gefragt, ob es mir möglich sei, einen
indischen Engländer, wenn er nach Zürich komme, ein wenig in
der Stadt herumzuführen. Bob arbeitete damals im Auftrag der
britischen Regierung in Ghana, und man bezahlte ihm einige
Wochen Heimaturlaub in London. Er nutzte die Gelegenheit, um
ein wenig durch Europa zu reisen. Wien, Capri und eben auch
Zürich.*

Obwohl er Ingenieur war, interessierte er sich sehr für die schönen Künste. Er hätte gerne Geschichte oder etwas Musisches studiert. Wirtschaftlich war das aber für ihn nicht möglich. Wenn etwas in der Welt ihn traurig stimmte, dann ging er in sein Zimmer und hörte Musik. Vor allem natürlich Beethoven. Die Bewunderung für Beethoven haben wir beide immer geteilt. Alles kommt in seiner kraftvollen Musik zum Ausdruck – Leben, Tod, Freude, Wut, Traurigkeit, Liebe.

Eines Tages stand also dieser Herr aus Indien vor unserer Haustür an der Hohlstrasse 421. Es war November und kalt; meine Schwester wärmte ihm alte Pantoffeln am Ofen. Da wir alle zur Arbeit mussten, sagte sie: «Wollen Sie vielleicht ein wenig Schallplatten hören? Wir haben aber nur Klassisches.» Er fragte: «Haben Sie auch etwas von Beethoven?» So fing eigentlich alles an.

Die Busenfreundin wusste zu ergänzen, dass mein Vater sich erstaunlich gut mit *Madame le Général* verstand. Schon bald nach seiner Rückkehr nach Ghana teilte er ihr mit, dass er ihre Tochter heiraten wolle. «Weißt du, wie oft mir das schon einer gesagt hat?», lachte die Freundin. Damals seien solche Versprechungen gang und gäbe gewesen. «Aber dein Vater meinte es offenbar ernst.»

Die vier Jahre in Afrika müssen für meine Eltern eine glückliche Zeit gewesen sein. Auf den Schwarzweißaufnahmen sehen sie fröhlich aus und unbeschwert: die Frischvermählten kichernd vor ihrem Ford Anglia, dem ersten und einzigen Auto, das sie in ihrem Leben besaßen. Oder händchenhaltend auf der Veranda ihres Bungalows, meine Mutter mit Strohhut, mein Vater mit Pfeife, zur Linken und zur Rechten einheimische Bedienstete. Die ironische Pointe dieses sehr kolonialen Arrangements war natürlich: Der Hausherr war so dunkel wie sein Personal.

Während seiner Tätigkeit in Ghana machte mein Vater Bekanntschaft mit einem Berufskollegen aus der Tschechoslowakei, der ebenfalls in Accra stationiert war. Die beiden wurden enge Freunde. Die Witwe des Freundes hieß Olga, lebte in Bratislava und war wohl der einzige Mensch, der mir noch etwas über diese Zeit erzählen konnte.

«Plumpes Drehbuch», dachte ich, als sich herausstellte, dass der sympathische Taxifahrer, der mich zum Flughafen brachte, ausgerechnet aus Accra stammte. Ich erzählte ihm von meinem Buch und den bevorstehenden Reisen, und er, ein Jazzmusiker, ließ mich an seinen ziemlich abgefahrenen Gedanken zum Themenkomplex Weltfrieden – Spiritualität – Christentum – Erleuchtung – Buddhismus – Islam teilhaben. Beim Aussteigen versprach ich, zu seinem nächsten Gig zu kommen, und begab mich mit grimmiger Vorfreude zur Passkontrolle.

Als ich Anfang der achtziger Jahre mit meinen Eltern zum ersten Mal in Bratislava gewesen war, gehörte die Stadt noch zur Tschechoslowakischen Sozialistischen Republik (ČSSR). Meine Erinnerungen an den Besuch waren spärlich, aber gut. Die Kinder der Gastgeber waren in meinem Alter, der Sohn sprach dank eines Studienaufenthalts in der DDR ausgezeichnet Deutsch, die Tochter Englisch. Wir gingen ins Kino und sahen uns einen Film mit Dustin Hoffman an (Originalversion mit tschechischen Untertiteln), aßen Eis in der Innenstadt und spähten von der Burg ins nahe Österreich hinüber. Letzteres war für mich, trotz langhaariger Weltanschauung, eine frühe Impfung wider die Verklärung realsozialistischer Verhältnisse:

Wieso durften meine beiden Altersgenossen, mit denen ich mich auf Anhieb verstand, nicht wie normale Menschen für ein Wochenende nach Wien, wenn ihnen der Sinn danach stand?

Einmal setzten sich unsere Väter von ihren Familien ab und verschwanden für mehrere Stunden in einer Bierhalle. Sie kamen noch fröhlicher heraus, als sie hineingegangen waren. In Bratislava schien es noch weniger Schwarze zu geben als in der Stadt Zürich: zwei statt fünf oder so. Dennoch stutzte oder starrte keiner, wenn wir durch die Straßen gingen, niemand schielte zu uns herüber, wenn wir einen gutbesetzten Bus betraten, obwohl mein Vater mit seiner dunklen Haut und dem gepflegten Englisch eine ziemliche Attraktion für die Einheimischen gewesen sein muss. Damals empfand ich dieses Verhalten beziehungsweise Nichtverhalten mehr als eine Form disziplinierter Diskretion und weniger als Ausdruck eines aufrichtigen Internationalismus. Wie auch immer, es fühlte sich anders an als zu Hause. Und keineswegs unangenehmer.

Ansonsten waren es eher die Gemeinsamkeiten, die mir auffielen, vor allem bei meinem zweiten Besuch vor ein paar Jahren, also gut ein Jahrzehnt nach Gründung der Slowakischen Republik. Man setzte sich in Zürich in ein Flugzeug, und nach der Landung in Bratislava kam es einem vor, als sei man zwei Tramstationen weiter ausgestiegen: saubere Straßen und eine adrette Innenstadt mit Stich ins Biedere, Filialen von Ikea und Carrefour, die von Euro-Normshopping-Gewohnheiten zeugten, rücksichtsvolle Menschen, die beim Samstagseinkauf nicht drängelten und einem beim Betreten des Lifts den Vortritt ließen, eine große Auswahl an Käse und Schokolade aus heimischer Produktion. Die Slowakei, eine Art Ost-Schweiz.

Wie fast alle meine Gesprächspartner hatte mich Olga vorgewarnt: «Ich kann dir nicht viel erzählen. Hoffentlich wirst du nicht enttäuscht sein.» Würde ich ohnehin nicht. Ich hatte mittlerweile gelernt, dass ich nicht allzu viel von den Interviews erwarten durfte. Zudem war Olga eine Person mit hohen Ansprüchen und streng zu sich selbst. Noch heute schüttelt sie ärgerlich den Kopf beim Gedanken an die erste Begegnung mit meiner Mutter in ihrem Apartment in Accra. Wie miserabel sie, Olga, damals Englisch sprach! Und wie sie nur so nachlässig sein konnte, meiner Mutter ihren aufgrund der tropischen Temperaturen windellosen Säugling in die Arme zu drücken, was dieser prompt zu einem feuchten Willkommensgruß nutzte.

Dass sie und ihr Ehemann bloß ein Apartment bewohnten und nicht einen Bungalow wie meine Eltern, erklärte sie in ihrer unsentimentalen Art mit «unserer tieferen Position». Während mein Vater als freie Arbeitskraft einen Marktlohn bezog, musste sein slowakischer Freund den größten Teil seines Gehalts an die staatliche Agentur abliefern, die ihn nach Ghana geschickt hatte. Dafür wunderte sich mein Vater einige Jahre später, anlässlich eines Besuchs meiner Eltern in Bratislava, über die hübsche Vierzimmerwohnung der Gastgeber und fragte halb im Scherz, halb im Ernst, ob sie die Wohnung für die Dauer des Westbesuchs von den Behörden zur Verfügung gestellt bekommen hätten. «Er war wohl», lachte Olga, «ein Opfer der Propaganda und dachte, wir würden alle noch in *Semljankas*, in Lehmhütten hausen.» Der Gedanke, dass mein indischer Vater mit abenteuerlichen Vorurteilen über die Rückständigkeit der Eingeborenen nach Bratislava gekommen war (eine Stadt, die während zweieinhalb Jahrhunderten Kapitale des Königreichs Ungarn war), amüsierte mich.

Ich stellte mir das Leben der ausländischen Fachkräfte im Ghana der sechziger Jahre ziemlich mondän vor. Wahrscheinlich nicht zuletzt aufgrund einer Aufnahme, die meine Mutter im glitzernden Abendkleid zeigte, vermutlich beim Empfang in einer europäischen Botschaft. Olga konnte zumindest bestätigen, dass das Land für jemanden, der aus dem Ostblock kam, «ein kleines Paradies» gewesen sei: Butter aus Dänemark, Fleisch aus Frankreich, Mahagonimöbel, klimatisierte Räume, sogenannte *boys*, die exotische Cocktails servierten (weibliche Hausangestellte gab es keine), abends indische Buffets im Restaurant Maharaja oder Tanzveranstaltungen im Star Hotel und am Wochenende Ausflüge zum Strand und in den Aburi Garden, einen prachtvollen botanischen Park.

Von meinem Vater, sagte sie unvermittelt, hätte sie allerdings nicht den Eindruck gehabt, dass sein Sozialleben allzu rege gewesen sei. «Den Schwarzen war er wohl zu wenig schwarz, und bei den Weißen gehörte er auch nicht richtig dazu.» Nüchtern betrachtet stimmte das. Er war tatsächlich weder das eine noch das andere. Dennoch deprimierte mich die Feststellung. Welche Bedeutung doch etwas so Triviales wie Hautfarbe hatte; damals wie heute, im Westen wie anderswo. Kenneth' Witwe hatte mir erzählt, wie perplex ihr künftiger Mann gewesen sei, als er Mitte der fünfziger Jahre auf den Bahamas sah, wie Buspassagiere getrennt nach «Rassen» Platz zu nehmen hatten. Bis zu jenem Moment war es ihm nie in den Sinn gekommen, dass man Menschen aufgrund der Farbe ihrer Haut beurteilen konnte. Als in Jamaika geborene Weiße sei sie von seiner Arglosigkeit beeindruckt und gerührt gewesen. Es war zu befürchten, dass es immer nur eine Minderheit sein würde, die zu einer solch wahrhaft weltoffenen Haltung fähig war.

Während ich erhebliche Mengen slowakischen Räucherkäse verdrückte, den Olga für mich gekauft hatte, ergänzte sie nüchtern: «Seine Hautfarbe war wohl nur das eine. Um ehrlich zu sein, ging er nicht übermäßig freundlich mit seinen Mitarbeitern um. Er war …» – Olga fand das richtige Wort nicht, und ich versuchte, ihr eine mehr oder weniger positive Bezeichnung wie «emotional» oder «impulsiv» in den Mund zu legen. «Cholerisch», sagte sie schließlich, unbeirrt von meinen Beeinflussungsversuchen.

Da ich wusste und spürte, dass Olga meine Eltern mochte, machte mir ihre Offenheit nichts aus. Und natürlich sprach sie einen ebenso interessanten wie schmerzhaften Punkt an: Gemessen an seinen ausgezeichneten Qualifikationen war die Berufskarriere meines Vaters eher bescheiden verlaufen. Woran hatte es gelegen? Früher nahm ich wie selbstverständlich an, dass seine Hautfarbe und die damit einhergehenden Vorurteile der Arbeitskollegen und Vorgesetzten der hauptsächliche Grund waren. Später neigte ich zu der Annahme, dass zwischen Herkunft und Laufbahn kein Zusammenhang bestand und vielmehr seine Charaktereigenschaften, seine individuellen Stärken und Schwächen, entscheidend waren. Die Wahrheit lag wohl in der Mitte, wobei sich in dieser Mitte reichlich Raum für unterschiedliche Gewichtungen fand.

So war ich bei meinen Gesprächen für dieses Buch auf den Fall eines ägyptischen Architekten aufmerksam gemacht worden, der Anfang der siebziger Jahre aus familiären Gründen eine Übersiedlung nach Europa erwogen hatte. Er empfand dann die Jobs und Gehälter, die man ihm hier anbot, als dermaßen lächerlich, dass er rasch wieder von dem Vorhaben abkam. Zufälligerweise kannte ich den Architekten ein wenig. Es handelte sich um einen hellhäutigen, aus der Oberschicht Kairos stammenden Mann, der meinem Vater weder vom Temperament, Auftreten oder Aussehen her ähnlich war. Ihre einzige Gemeinsamkeit bestand darin, dass sie beide aus sogenannten Entwicklungsländern stammten. Das genügte offenbar, um zwanzig bis dreißig Prozent weniger Lohn wert zu sein.

Wenn er bei der Arbeit einen schlechten Tag gehabt hatte, beklagte mein Vater manchmal den Entschluss, in die Schweiz gezogen zu sein. Er verwies auf irgendwelche Nieten und mediokren Figuren, denen er in Ghana oder Pakistan begegnet war und die jetzt allesamt hochbezahlte Chefposten bekleiden würden, während er noch immer ein kleiner Bauingenieur sei. Wenn er dann noch an das langwierige Einbürgerungsverfahren dachte, in dem er in den siebziger Jahren steckte, dann sank seine Laune vollends in den Keller.

Grundvoraussetzung für eine Einbürgerung war damals, dass der Kandidat mindestens zwölf Jahre ununterbrochen im Land gelebt hatte. Kam aber der Kandidat aus einem «kulturfremden Gebiet», wie das in dem erbarmungslos höflichen Beamtendeutsch der Zeit hieß, dann wurde die sogenannte Wohnsitzfrist nochmals verlängert. Mein Vater sah sich daher veranlasst, den Behörden glaubhaft zu machen, dass er nach den Kriterien für normale, also westliche Bewerber zu beurteilen sei. Mit anderen Worten: Der promovierte Ingenieur, britische Staatsbürger, Beethovenkenner, Kipling-Bewunderer, Messdiener, SWR2-Hörer, Leserbriefschreiber und Leberknödelliebhaber, der in der Straßenbahn die Jugendlichen aufforderte, die Füße von den Sitzen zu nehmen, sich bei Temperaturen von über 25 Grad über die Sauhitze beschwerte, mehr als die Hälfte seines Lebens in Europa verbracht hatte und seit fünfzehn Jahren mit

einer Einheimischen verheiratet war, dieser damals fünfzigjäh-
rige Mann musste beweisen, dass er kein Neger war. Dass er mit
einer Gabel umzugehen wusste, sich eine Krawatte umbinden
konnte, die Sonntagsruhe beachtete, nichts mit Polygamie zu
schaffen hatte, die freiheitlich-demokratische Staatsordnung
einem Kalifat vorzog, regelmäßig duschte und sich im Schrebergarten keinen Elefanten hielt.

«Ich glaube», sagte Olga, «dieses Theater hat ihn gekränkt.
All die Bittgänge und der ganze Papierkrieg. Als er mir einmal
davon erzählte, fühlte ich mich in der Tat an unsere sozialisti-
sche Bürokratie erinnert.» Immerhin und nicht untypisch für
dieses Land: Die Behörden *ließen* sich irgendwann erweichen,
wenngleich grummelnd. Das entsprechende Schreiben eines
städtischen Chefbeamten fand sich in meiner Umzugsschatz-
kiste:

Zürich, den 21. März 1975 – BR/eh

Sehr geehrter Herr Doktor,
Sie haben am 24. Januar 1975 bei mir vorgesprochen, um die
Fragen und Bedingungen für Ihre Einbürgerung in der Stadt
Zürich vorabzuklären. Ich habe unterdessen Ihr Anliegen nicht
vergessen, sondern die Besonderheiten Ihres Falles mit meinen
Mitarbeitern besprochen. Da dabei keine Einigkeit der Meinun-
gen erzielt werden konnte über die Frage, ob für Sie die normalen
Wohnsitzfristen oder die längeren Fristen für «Bewerber, die aus
Gebieten zugewandert sind, deren Kultur eine Anpassung an
unsere Verhältnisse stark erschwert» zur Anwendung kommen
sollen, wollte ich die Frage dem Stadtrat zu einem Grundsatz-
entscheid vorlegen.

Stadtkanzlei Zürich

Bürgerrechtsabteilung

Telefon 29 58 11
Stadthaus 2. Stock, Büro 222
Postfach, 8022 Zürich 1

Zürich, den **27.1.1978**

Herrn Dr. V. Z i a u d d i n

Rötelstrasse 69

80 37   Zürich

Die städtische Einbürgerungsgebühr wird sich auf Fr. 3'500.— belaufen.
Wir ersuchen Sie daher um ihre Einzahlung bis spätestens

28. Februar 1978

unter Benützung des angehefteten Einzahlungsscheines an die Stadtkasse,
Postcheck-Konto 80-2000 oder an die Zürcher Kantonalbank und deren Agenturen in Zürich.

Mit vorzüglicher Hochachtung

Stadtkanzlei Zürich
Bürgerrechtsabteilung

Empfangsschein

Fr. —3'500. c. —

einbezahlt auf Konto **80-2000**
Stadtkasse Zürich

Für die Poststelle:
Pour l'office de poste:
Per l'officio postale:

Alles hat seinen Preis: Rechnung für die Einbürgerung.

Ich freue mich, Ihnen mitteilen zu können, dass der Stadtrat in seiner Sitzung vom 19. März grundsätzlich beschlossen hat, dass Bewerber, die schon so lange wie Sie im europäischen Kulturkreis leben, nicht als «zugewandert» im Sinne der Bestimmungen gelten und dass daher für Sie die normalen Wohnsitzfristen zur Anwendung kommen.

Es handelt sich dabei, wie gesagt, um einen Grundsatzentscheid. In jedem Falle hat der Bewerber aber seine Anpassung an unsere Verhältnisse nachzuweisen. Nur bei Erfüllung der einschlägigen Bedingungen kommt eine Aufnahme ins Bürgerrecht in Frage.

Nach Lektüre des Briefes wird mein Vater wohl eine seiner Lieblingsbemerkungen gemacht haben: «Darum liebe ich die Schweizer! Sie sind stur, aber menschlich.»

Ein Volk im Allgemeinen lieb zu haben hieß jedoch nicht, dass man jedes einzelne Individuum mochte. Mein Vater mochte all jene nicht, von denen er den Eindruck hatte, sie verhielten sich ihm gegenüber zu wenig: freundlich, geduldig, aufmerksam, respektvoll, kooperativ usw. Das waren nicht wenige, und er teilte es diesen nicht wenigen jeweils auch mit. Darin war er sehr demokratisch. Ob am Arbeitsplatz oder privat, ob Kollege, Untergebener oder Vorgesetzter: Er behandelte alle gleich und sagte jedem die Meinung. Diese Kombination aus Empfindlichkeit und Kampfeslust war einer steilen Karriere natürlich nicht besonders förderlich. Die bisweilen brüskierende Direktheit, das Unstrategische, die überehrliche Art des Kommunizierens – all das hätte sein berufliches Fortkommen selbst dann behindert, wenn er weiß wie ein Schneehase gewesen wäre.

Hinzu kam ein vorsichtiger bis ängstlicher Zug sowie eine zum Pedantischen neigende Genauigkeit. Zu den bemerkenswerteren Funden aus der Umzugskiste gehörten ein Testament und eine Lebensversicherung, die er im absurd jungen Alter von 27 Jahren abgeschlossen hatte. Begünstigte waren seine Mutter und die älteste Schwester, Tante Ummul. Ein rührender Akt der Fürsorglichkeit. Doch in seinem Beruf als Ingenieur machte ihn diese Vorsicht und permanente Besorgtheit zu einem eher teuren Mitarbeiter: lieber zu viel als zu wenig Stahl verwenden, damit die Brücke auch todsicher hielt. Ebenso hatte seine exakte und zuverlässige Art eine Kehrseite: Langsamkeit. – Gut, aber unbequem, verlässlich, aber teuer, nicht der Schnellste und nicht mehr der Jüngste: Inmitten der Rezession, die nach dem Ölschock von 1973 über das Land und die Welt hereinbrach, wären das auch für ein Bleichgesicht nicht die bestmöglichen Voraussetzungen zu einer ruhmreichen Laufbahn gewesen.

Doch woher rührte die übertriebene Angst vor Fehlern? Wieso diese große Empfindlichkeit? Hier biss sich die Katze in den Schwanz: Gut möglich, dass die Hürden und Vorbehalte, die mein Vater aufgrund seiner Herkunft zu überwinden hatte, zwar nicht die Ursache für seine Schwächen waren, diese aber sehr wohl beförderten. Wer sich latent auf dem Prüfstand fühlte, beobachtet, begutachtet, ausgefragt, Passkontrolle hinter sich gebracht, Einbürgerungstest bestanden, das Misstrauen der Wohnungsnachbarn überwunden, die neuen Kollegen eines Besseren belehrt – doch, doch; durchaus; tipptopp; Respekt; wenn man bedenkt; keine Selbstverständlichkeit –, wer so unter Beweiszwang stand, der musste davon ausgehen, dass er sich keinen Fehler leisten durfte, dass jeder Lapsus doppelt schwer wog und jede Blöße das Verdikt «fremder Kulturkreis» nach sich zog. Ein gelassenes Selbstbewusstsein, wie es etwa Söhne und Töchter aus gutem Haus häufig an den Tag legen, ließ sich so nur schwer entwickeln. Mit einem Lächeln zum Abschlussexamen antreten? Dafür war das Leben viel zu ernst.

Am nächsten Morgen blätterte ich in einem Prospekt des ghanaischen Tourismusministeriums aus dem Jahr 1963, den mir Olga auf den Nachttisch gelegt hatte. Der Prospekt enthielt, nebst den üblichen Hinweisen auf Sehenswürdigkeiten, Anzeigen für Hundeshampoo und sowjetische Helikopter, Adressen von Fluggesellschaften und Ländervertretungen, die es nicht mehr gab (PanAm, Jugoslawien), zudem eine Reihe von gestellt wirkenden Fotografien, auf denen Einwohner der jungen Republik bei diversen Tätigkeiten gezeigt wurden: schwarze Jugendliche in Leinenhosen beim Kricket-Spiel; gesetztes schwarzes Paar mit Sonnenhut und Feldstecher beim Pferderennen; eine Gruppe schwarzer Richter mit *wigs*, weißlockigen Perücken, wie sie in Großbritannien von hohen Justizbeamten, *Right Honourable Lords Justice,* getragen wurden.

Die Bilder hatten etwas Lächerliches. Es sah ein wenig aus wie Schülertheater. Süße Knirpse imitierten die große weite Erwachsenenwelt. Oder genauer: Afrikaner vollführten eine Art Briten-Mimikry. Was Modernität und Zivilisiertheit hätte signalisieren sollen, wirkte unecht, unterwürfig, unbeholfen, provinziell. Kulisse. Ein unangenehmer Gedanke ging mir durch den Kopf: Hatte die Wandlung meines Vaters vom Sohn einer südindischen Analphabetin zum krawattierten Beethoven-Connaisseur vielleicht auch etwas Posenhaftes und Untertäniges? Hatte er eine Art Bildungsbürger-Kostüm getragen, um in der Welt der Weißen Eindruck zu schinden? Um

EIDGENÖSSISCHE TECHNISCHE HOCHSCHULE

REKTORAT

Leonhardstrasse 33
8006 Zürich (Schweiz)
Telefon 051 / 32 62 11

Herrn
Dr. V. Ziauddin
Rotbuchstr. 30

8037 Z ü r i c h

Zürich, 16. Februar 1971   VA/eb

Sehr geehrter Herr Dr. Ziauddin,

Auf Ihre Anfrage vom 12. Februar 1971 bestätigen wir Ihnen, dass

- Ihr M.Sc. (Engineering) des Imperial College in London dem ETH-Diplom
- Ihr Ph.D. in Engineering des Imperial College in London unserem Doktorat

ebenbürtig sind.

Die uns unterbreiteten Photokopien erhalten Sie in der Beilage zurück.

Mit freundlichen Grüssen

                              EIDGENOESSISCHE TECHNISCHE HOCHSCHULE
                              ZUERICH
                              Der Rektoratssekretär

                              A. von Arx

                              A. von Arx

Beilagen.

Kopie an den S I A.

Immer ein wenig auf dem Prüfstand: Bestätigungsschreiben der ETH Zürich.

zu beweisen, dass er – ähnlich wie der Lakai Freitag im Roman *Robinson Crusoe* – dank Lerneifer, Bravheit und Intelligenz die Metamorphose vom Wilden zum Gebildeten geschafft hatte? Blödsinn. Es hatte ihn einfach früh nach Europa verschlagen, er hatte die Wahl, und er war zu dem Schluss gekommen, dass ihm der westliche Lebensstil mehr zusagte als die Aussicht, im Alter von 26 Jahren eine vom Vater arrangierte Hochzeit einzugehen, neun Kinder zu zeugen und den Rest seiner Tage an der Big Mosque Street zu verbringen.

Aber erstaunlich war es schon, welche Anziehungskraft die westliche Lebensart ausübte und welche Deutungsmacht von ihr ausging. Ghanaische Juristen legten sich gelockte Perücken auf den Kopf, und für meinen weltgewandten Vater war das Prädikat «kultiviert» aus dem Mund eines Europäers ein Kompliment und kein Zeichen gönnerhafter Herablassung. Der Wunsch, es «dort» zu schaffen, «so wie sie» zu leben, als «einer der ihren» akzeptiert zu werden, der war nun mal in vielen Teilen der Erde verbreitet. Dieser Wunsch blieb auch bei meinem Vater bis zuletzt bestehen. Entsprechend blieb auch eine Verwundbarkeit: Sein Selbstbild als europäisierter Inder besaß etwas Prekäres.

Wieder einmal hatte ich es fertiggebracht, mich mit meinem Herumgegrüble selbst zu deprimieren. Ich legte die Broschüre des Tourismusministeriums zur Seite, setzte mich an Olgas Computer und rief meine Mails ab. Seit Tagen wartete ich auf eine Nachricht aus Madras. Über einen indischen Journalisten, der in England lebte, hatte ich herausgefunden, dass es in der Stadt nur eine einzige Jesuitenschule gab: das Loyola College. Da meine Mutter in ihrer Grabrede erwähnt hatte, mein Vater sei «bei den Jesuiten in Madras» gewesen, musste es sich dem-

nach um den Ort handeln, an dem er sein Abitur gemacht hatte. Dieses College – offenbar eine der angesehensten Bildungs-
einrichtungen im ganzen Land – wollte ich auf meiner Reise
unbedingt aufsuchen. Zeugnisse, Fotos, Aufsätze meines Vaters
aufstöbern. Herausfinden, wie sein Alltag ausgesehen hatte.
Über den Campus spazieren. Mit dem Rektor über die Werte
sprechen, welche die Institution ihren Schülern vermittelte. In
Erfahrung bringen, ob man zu jener Zeit versucht hatte, die
nichtchristlichen Zöglinge zu konvertieren. Und mit Hilfe der
Ehemaligenorganisation vielleicht sogar einen Klassenkameraden meines Vaters finden!

Ich stellte mir vor, dass dieser Ort in seinem Leben eine
zentrale Rolle gespielt hatte. Dass er eine Art Pforte gewesen
war auf dem Weg von Srivaikuntam nach London und später
Zürich und dass mein Vater ohne ihn nicht zu dem Menschen
geworden wäre, den ich kannte. Entsprechend viel erhoffte
ich mir von einem Besuch. Doch einmal mehr blieben meine Anfragen unbeantwortet. Niemand reagierte, nicht der
Rektor, nicht der Sekretär, nicht die Ehemaligenorganisation.
Und es blieben nur noch sieben Tage bis zu meiner Abreise
nach Indien. Ich wusste nicht einmal, ob Nowrose von meiner
baldigen Ankunft unterrichtet war. Die E-Mail-Adresse ihrer
muslimischen Mädchenschule schien nicht mehr in Betrieb,
weshalb ich mich nicht direkt mit ihr in Verbindung setzen
konnte. Und Babu, dem ich verboten hatte, mich in Madras
abzuholen, da er mit den Hochzeitsvorbereitungen genug um
die Ohren hatte, Babu schickte bloß kryptische SMS-Bot-
schaften: «Alles in Bearbeitung» – «Wie lautet Dein Geburtsdatum?» – «AC 2-tier sleeper okay».

Plötzlich war ich nicht nur niedergeschlagen, sondern auch

sehr nervös. «Sag mal, Bruno, was hast du eigentlich im letzten halben Jahr gemacht?» – «Ein Buchprojekt in den Sand gesetzt.» Kaum etwas klappte so, wie ich mir das vorgestellt hatte. Und bei jenen Dingen, wo ich ohnehin davon ausgegangen war, dass sie nicht klappen würden, bewahrheitete sich mein Pessimismus. So hatte die Archivarin des Imperial College die vermaledeite Studentenkarte meines Vaters noch immer nicht herausgerückt. Mir aber war beim Nachrechnen aufgefallen, dass in seiner Ausbildungs-Biographie eine Lücke von drei oder vier Jahren bestand, und zwar für die Zeit zwischen dem Abitur und der Übersiedlung nach London. Höchstwahrscheinlich hatte er, wie in Ländern des Commonwealth üblich, in dieser Zeit seinen Bachelor gemacht. Aber wo? Und war er zuvor wirklich am Loyola College gewesen? Ich war mir sicher, dass diese trivialen, aber für meine Recherche wichtigen Informationen auf der Studentenkarte vermerkt waren. Wieso konnte man mir dieses Ding nicht einfach schicken? Nochmals herzlichen Dank für die Hilfsbereitschaft.

Da ich nicht in der Stimmung war, beschloss ich, mein zweites Interview mit Olga zu verschieben und stattdessen mit ihrem Sohn in einer Bierhalle *Pivo* trinken zu gehen. So, wie es unsere Väter getan hatten.

MADRAS

Wieder streckt ein mir unbekannter Mann ein Pappschild in die Höhe, auf dem mein Name steht. Aber er springt nicht über die Absperrung, bricht nicht in Tränen aus, umfasst nicht meine Hand und stammelt nicht, wie glücklich er sei. Diesmal ist es kein Verwandter, der am Flughafen von Madras auf mich wartet, sondern bloß der Fahrer meines Hotels. Die Luft ist weniger erdrückend, das Gedränge weniger einschüchternd, die Fahrt in die Innenstadt weniger halsbrecherisch als bei meiner ersten Ankunft vor – fast fünf Jahre ist es nun schon her.

Die undramatische Begrüßung versetzt mich in eine trübselige Stimmung. Ich fühle mich etwas verloren. Gleichzeitig komme ich mir blöd vor deswegen. Immerhin habe ich darauf bestanden, dass mich niemand aus der Verwandtschaft abholt. Dass ich mein Hotel selbst buche. Und mich erst am zweiten oder dritten Tag mit Nowrose in Verbindung setze, je nachdem, wie sich die Dinge entwickeln. Unmittelbar nach meiner Rückkehr aus Bratislava war nämlich doch noch eine Nachricht aus Indien eingetroffen. Der Rektor des Loyola College persönlich wollte mich heute Nachmittag zum Gespräch empfangen. Und für den folgenden Abend war ich zu einer Ehemaligenfeier eingeladen, bei der angeblich auch ein hoher Minister und Absolvent der Schule anwesend sein würde.

Vor den beiden Terminen wollte ich meine Ruhe haben. Den Jetlag wegschlafen, das Interview mit dem Rektor vorbereiten, mich an die Stadt gewöhnen, den unablässigen Lärm, das Gedränge und Gehupe, die Gerüche und den Gestank, das heiße Wetter. Tantentrubel würde ich noch genug erleben. Schließlich lagen zwei Wochen Srivaikuntam vor mir, und das ohne Silvia. Mir war noch nicht ganz klar, wie ich das überstehen würde.

Trotzdem starre ich jetzt aus dem Fenster des Hotelzimmers (sehr schön, sehr westlich, keine XXL-Kakerlaken) und vermisse meine Verwandten bereits ein klein wenig. Zudem bin ich leicht irritiert, wie widerstandslos sie sich meinen Direktiven gefügt haben. Nicht einmal Babu hat ernsthaft darauf bestanden, mich in Madras in Empfang zu nehmen. Ich verhalte mich mit anderen Worten wie ein Einzelkind, das ständig bemüht ist, sich die überfürsorgliche Mutter vom Leib zu halten – wehe aber, Mami lässt es tatsächlich mal allein.

Anstandshalber, wie ich mir einrede, versende ich je eine SMS an Nowrose, Babu und Mister Yusuf. Damit sie wissen, dass ich gut angekommen bin, und sich keine Sorgen machen. Die Antworten erfolgen in Sekundenschnelle. Nowrose erkundigt sich beiläufig, in welchem Hotel ich sei. Ich teile es ihr mit, schließlich kann ich mich nicht benehmen wie Angelina Jolie auf Geheimurlaub in Saint-Tropez. Eine halbe Stunde später klingelt das Telefon. In der Lobby würde Besuch auf mich warten, teilt mir der Rezeptionist mit. Es wäre übertrieben zu behaupten, dass ich aus allen Wolken falle. Überraschend ist höchstens, dass die Willkommensdelegation die für südindische Verhältnisse lächerlich geringe Zahl von vier Personen umfasst: Nowrose, zwei ihrer selig lächelnden Brüder sowie einen Bärtigen, den ich von den Fotos meiner letzten Reise wiedererkenne, von dem ich aber nicht mehr weiß, ob und wie genau er mit mir in verwandtschaftlicher Beziehung steht. (Später wird sich herausstellen, dass es sich um einen Cousin handelt. *What else?*)

Natürlich freue ich mich über das Wiedersehen. Dass es mich geradezu glücklich macht, hätte ich allerdings nicht gedacht. Gleichzeitig fühle ich mich auf eigenartige Weise unwohl. Keine zwei Wochen ist es her, seit islamische Extremisten in Bombay eingefallen sind und in zwei Luxushotels ein Blutbad angerichtet haben. Die Zeitungen hier sind voll davon, die Fernsehstationen berichten nonstop, der Flughafen von Madras glich bei meiner Ankunft einer Kaserne. Und ich stehe mit vier traditionell gekleideten Muslimen in der Empfangshalle eines ziemlich teuren, auf westliche Geschäftsleute und die lokale Hindu-Elite ausgerichteten Hotels. Natürlich hat das eine mit dem anderen nichts zu tun. Aber sehen das die anderen Gäste und die Angestellten genauso? Ob man freundlich gewesen ist zu meinen Verwandten, als sie sich nach mir erkundigten? Oder hat man ihnen zu verstehen gegeben, dass sie hier nicht willkommen sind? Schielt der Rezeptionist nicht etwas argwöhnisch zu uns herüber? Ich bin mit Indern unter Indern, komme mir aber trotzdem ein wenig vor wie in den Winterferien in Oberägeri, wenn mein Vater und ich die Dorfkneipe betraten und das ganze Lokal zu uns starrte.

Nowrose scheint keinen Tag älter geworden zu sein seit unserer letzten Begegnung. Auch ihre Rolle in der Familie ist unverändert: Sie erzählt, fragt, antwortet, telefoniert, entscheidet, während die Männer schweigend neben ihr stehen und lächeln. Mit der Zeit bemerke ich, dass ihr Englisch sich verbessert hat und sie mir gegenüber selbstsicherer auftritt. Über ihre Zwillingssöhne, damals Babys, jetzt Buben im Kindergartenalter, sagt sie trocken: «Ich bin froh, wenn ich sie für ein paar Stunden los bin. Sie sind unglaublich anstrengend und rauben mir manchmal den letzten Nerv.» Selbst für kopftuchlose Westmütter ist es keine Selbstverständlichkeit, so über ihre kleinen Lieblinge zu sprechen.

Ich erkläre Nowrose, dass ich heute keine Zeit hätte, meine Tante zu besuchen. Sie sagt, das sei schon okay. Sie fragt, ob ich wünsche, dass mich jemand zum Loyola College begleite. Ich sage, nein, das sei schon okay. Ich schlage vor, morgen zum Mittagessen vorbeizukommen. Abgemacht, sagt sie. Ob ein Uhr in Ordnung sei, am Vormittag habe sie in der Schule zu tun. – Eine derart unkomplizierte, auf Augenhöhe erfolgende Konversation? Bin ich wirklich in Indien? Und das hier sind meine Verwandten?

«Mussten Sie lange auf mich warten?»
«Natürlich!»

Wenigstens der Autoriksha-Fahrer, der mich zum Loyola College bringen soll, hält sich an die Dialog-Vorlage für interkulturelle Kommunikation. Auf eine perverse Weise habe ich mich auf die Fahrt gefreut. Mit einem *Oddo* durch Madras zu flitzen, ist nämlich nach wie vor das Tollkühnste, das ich auf Rädern erlebt habe. Eine Art Ritt auf schienenloser Achterbahn, der jegliches Unrechtsbewusstsein fehlt. Dagegen war selbst die Rückwärtsfahrt in einem klapprigen Fiat auf dem Pannenstreifen einer Stadtautobahn vor Kairo harmlos. (Der ortsunkundige Lenker hatte die Ausfahrt verpasst und nicht mehr genug Benzin, um es bis zur nächsten zu schaffen.)

Ein bisschen Videospiel-Feeling kommt zwar auch heute auf. Alles in allem verläuft die Fahrt mit dem Oddo aber enttäuschend gesittet. Klar, beim zweiten Mal erscheinen die Dinge oft weniger spektakulär, als man sie in Erinnerung hatte. Vielleicht ist Madras aber auch nicht mehr so chaotisch, und der Verkehr funktioniert besser beziehungsweise weniger gar nicht als bei meinem ersten Besuch. Irgendwelche Auswirkungen muss ja das indische Wirtschaftswunder mit jährlichen Wachstumsraten von acht und mehr Prozent auf das tägliche Leben haben. Was nicht heißt, dass Indien ein normales Land geworden ist, wie die tägliche Lektüre der Zeitungen *The Hindu* und *Deccan Cronicle* beweist:

Kleinkind mit Hündin verheiratet (Um einen bösen Fluch abzuwenden, der auf dem Buben lastet.)

Tote Eidechse in Schulmahlzeit (42 Kinder mussten wegen starker Übelkeit ins Krankenhaus eingeliefert werden.)

Selbstmord wegen Horoskop (Ein 25-jähriger Student, der darunter litt, dass er noch immer unverheiratet war, tötet sich selbst, nachdem ihm eine Astrologin eröffnet, er werde auch im neuen Jahr keine Frau finden.)

Mann tötet Töchter für Kali (Ein 31-jähriger Dorfbewohner durchtrennt seinen beiden Töchtern die Kehle. Die Göttin Kali sei ihm im Traum erschienen und habe das Opfer von ihm verlangt.)

Bauernsuizide: Maha auf Platz 1 (Im Jahr 2007 haben sich über 16 000 verarmte indische Bauern aus Verzweiflung über ihre katastrophale Situation das Leben genommen. Viele versuchen auf diese Art, ihrer Frau und den Kindern zu einer Witwenrente zu verhelfen. Mit 4328 Selbsttötungen liegt der Bundesstaat Maharashtra auf Platz 1 der traurigen Rangliste.)

Nach der beinahe beschaulichen Fahrt steuert mein Oddo auf das Eingangstor einer parkähnlichen Anlage zu.

«Hier sind wir. Soll ich warten?»

«Nicht nötig. Ich habe keine Ahnung, wie lange es dauert.»

«Okay, bis dann.»

Einen solch schönen Ort habe ich in Madras noch nicht gesehen. Hohe Bäume, gepflegte Kieswege, Vogelgezwitscher, eine hübsche Kirche und ein von Palmen umgebenes Hauptgebäude mit Rundbögen im Stil eines spanischen Palazzo. Junge Frauen mit Badmintonschlägern und picklige Burschen mit Rucksäcken schlendern über die Anlage. Sie strahlen dieselbe Mischung aus Zuversicht, Tatendrang und Leichtigkeit aus, wie man sie auch auf den Geländen westlicher Eliteschulen antrifft. Und elitär ist diese Institution. Beziehungsweise elitär und sozial, wenn es nach dem Selbstverständnis des Jesuitenordens geht, der sie betreibt. Das College wurde 1925, im Geburtsjahr meines Vaters, von einem französischen Missionar gegründet und belegt in den Hochschulrankings des Landes nahezu immer einen der vordersten Plätze. Zu den Absolventen gehören Regierungsmitglieder, Wissenschaftler und Filmproduzenten sowie die Ikone der Stadt, der aus Madras stammende Schachweltmeister Viswanathan Anand.

Wann immer ich Anands Namen in der Zeitung lese, was hier fast täglich der Fall ist, kommt mir eine Ausgabe des TV-Quiz *Wer wird Millionär?* in den Sinn und dann mein Vater. Von Herrn Jauch nach der Nationalität des weltbesten Schachspielers gefragt, murmelte die Kandidatin: «Also Indien, das kann ich mir jetzt nicht vorstellen.» Wie andere alte Männer auch hatte mein Vater die Angewohnheit, den Fernseher anzuschnauzen, wenn ihn das, was darin zu sehen war, echauffierte. Meist waren es inkompetente Politiker, die seinen Unmut entfachten. Es konnten aber auch nuschelnde Moderatorinnen sein oder Horst Tappert alias *Derrick*, den er für einen miesen Schauspieler hielt. Hätte er damals noch gelebt, so stelle ich mir immer vor, dann hätte er die Bemerkung der ignoranten Kandidatin zur Schach-Frage bestimmt mit einem «Blöde Kuh» quittiert. Wahrscheinlich gefolgt von der Ankündigung, eine Liste der indischen Nobelpreisträger an die Redaktion von RTL senden zu wollen. Auch nach einem halben Jahrhundert Europa: Ein bisschen Patriotismus war ihm bis zuletzt geblieben.

Loyola rühmt sich nicht nur seiner illustren Absolventen, sondern legt auch Wert darauf, Jugendlichen aus armen und ärmsten Verhältnissen eine Ausbildung zu ermöglichen. Sogenannten *first generation learners* etwa, deren Eltern bestenfalls die Grundschule besucht haben und nicht selten Analphabeten sind. Oder Angehörigen der Kaste der Unberührbaren – Dalits –, deren Väter vielleicht noch immer als Latrinenreiniger arbeiten und menschliche Exkremente mit den bloßen Händen beseitigen. Indien ist nun mal ein Kosmos der Widersprüche, in dem unfassbare Ungerechtigkeiten, grausamste Gewalt und abstrusester Aberglaube mit kulturellen Großleistungen und Akten heroischer Menschlichkeit koexistieren. Einfach so, ohne Logik und Moral. Trotz alledem: Vom «Unberührbaren» zum Loyola-Schüler oder gar, wie 1997 geschehen, zum Staatspräsidenten (dessen Nachfolger der Sohn eines muslimischen Fischers war) – solch extreme Werdegänge sind selbst im Westen nur schwer denkbar und machen die amerikanische Tellerwäscherkarriere zu einem niedlichen Exempel für moderaten sozialen Aufstieg.

Obwohl die Schlange vor dem Büro des Rektors nicht darauf hingedeutet hat, werde ich auf die Minute pünktlich zu ihm hineingebeten. Es ist hier offenbar üblich, dass der Besucher, der als Nächstes an der Reihe ist, bereits Platz nimmt, während das vorherige Gespräch noch im Gang ist. So erfahre ich, dass der Student, neben den ich zu sitzen komme, seine Unterrichtsgebühren nicht oder zu spät oder, wie er selbst behauptet, rechtzeitig, jedoch auf ein falsches Konto eingezahlt hat. An der Wand hängt ein Bild des heiligen Ignatius von Loyola, dem Gründer des Jesuitenordens. Die Klimaanlage brummt angenehm kühle Luft in den Raum. So zumindest würden das eine Milliarde Inder empfinden. Jedenfalls habe ich weder meinen Vater noch sonst einen seiner in Europa ansässigen Landsleute je frösteln gesehen. Ich hingegen rolle die Ärmel meines Hemdes hinunter und hoffe, dass das Kratzen im Hals nichts zu bedeuten hat.

Die weiße Robe und das sedierte Lächeln verleihen dem Rektor etwas Guruhaftes. Seine freundliche, aber knappe Begrüßung unterscheidet sich markant von den Temperamentsausbrüchen meiner Verwandten. Darin, so erkenne ich erst jetzt, war ihnen mein Vater sehr ähnlich geblieben: Wenn er an der Wohnungstür einen Gast willkommen hieß, dann war das für die Nachbarn nicht zu überhören. Der Rektor, ein ausgebildeter Theologe mit Promotion in Mathematik, erklärt mir als Erstes die Prinzipien seiner Schule, eine Art Protestantismus für Katholiken: hart arbeiten und Exzellenz anstreben, jedoch nicht zur Befriedigung frivoler persönlicher Ambitionen, sondern um Gutes zu tun und sich gottgefällig in den Dienst der Gemeinschaft zu stellen.

Mit der Zeit taut er ein wenig auf und betont, wie beeindruckt er sei, dass ich den langen Weg von Europa hierhin auf mich genommen habe, nur um die Schule zu sehen, an der mein Vater gewesen war.

«Wann war er denn bei uns, wenn ich fragen darf?»

«Ich, ähm, bin mir nicht ganz sicher, ob er wirklich hier …»

Wir werden unterbrochen, da ein Assistent den Raum betritt und dem Rektor einen Stapel Dokumente zur Unterschrift vorlegt.

«Wann, haben Sie gesagt, war er bei uns?»

«Ähm, ich vermute von 1941 bis 1943.»

«Und was hat er studiert?»

«Ich glaube, er hat hier, äh, nicht studiert, sondern lediglich die Ausbildung zur Hochschulreife genossen. Das kann man doch bei Ihnen auch, nicht wahr?»

Die Antwort des Rektors bleibt vage und weckt Zweifel in mir, dass mein Vater wirklich an dieser famosen Schule war. Dafür spricht: die Bemerkung meiner Mutter sowie ein vergilbtes Diplom, das in etwa einem Abitur entspricht und tatsächlich in Madras ausgestellt worden ist (ohne aber den Namen des College zu nennen, an dem es erworben wurde). Dagegen spricht: mein Gefühl respektive das Zögern des Rektors. Schüler vom Land, erklärt er, seien damals meist auf persönliche Empfehlung eines Missionars aufgenommen worden. «Möglich, dass dies auch bei Ihrem Vater der Fall war. Üblicher wäre allerdings gewesen, wenn er unser Schwester-College weiter im Süden besucht hätte.»

Schwester-College weiter im Süden – für mich klingt das schwer nach zweiter Liga. Nun gut, noch ist nichts bewiesen. Über die Gegensprechanlage bestellt der Rektor seinen Sekretär zu sich, einen fülligen fidelen Frater, wie man ihn aus der Spirituosenwerbung kennt. Der Rektor betraut ihn mit den Nachforschungen im Hausarchiv und bekräftigt die Einladung für den morgigen Abend. Obwohl es keinen Grund gibt, komme ich mir wie ein Hochstapler vor. Ein Eindringling, Wichtigtuer, Titelschwindler. Etwas verlegen folge ich dem Sekretär in sein Büro und lasse mir von ihm Broschüren zum Loyola College aushändigen. Seine fröhliche Art heitert mich auf. Als er nach meiner Familie fragt, spule ich unbefangen die Eckdaten herunter: Schweizer Mutter (katholisch), indischer Vater (gebürtiger Muslim), französische Großmutter (katholisch), britischschweizerischer Doppelbürger, in Zürich aufgewachsen.

Der Sekretär lacht vergnügt und klopft mir auf die Schultern: «Ah, Sie sind also Moslem!»

Ja, dieser Scherz ist lustig, und ich lache mit. Gleichzeitig bin ich perplex. Mitten in Madras macht ein dunkelhäutiger Jesuit genau die Art von Spruch, die ich sonst nur daheim zu hören bekomme. Bislang ist meine komplizierte Herkunft in Indien nie ein Thema gewesen. Oder genauer: Sie wurde stets auf den simpelst möglichen Nenner gebracht – er ist Europäer. Dass ich im Westen von ein paar rassensensiblen Zeitgenossen nicht als einer der ihren angesehen werde, daran habe ich mich gewöhnt. Dass ich in Indien von niemandem als einer der ihren angesehen werde – auch nicht ein bisschen –, das weiß ich seit dem Briefwechsel als Teenager mit Nizar. Dass mich aber jemand von hier für keinen von dort hält, diese Variante ist neu.

Am folgenden Morgen serviert der Hotelkellner zwei Scheiben Toast zum Rührei, obwohl ich nur eine bestellt habe. Eigentlich nicht weiter der Rede wert. Dass die beiden Scheiben je-

2196

Duplicate

UNIVERSITY OF MADRAS.

Intermediate Examination

in

Arts and Science.

I hereby certify that _Ziauddin, V.M.S._ _____ passed Part I–English, Part II–Second Language _Tamil_ and Part III–Optional Subjects _Mathematics, Physics and chemistry_ _____ of the Intermediate Examination in Arts & Science, held in the month of _March 1943_ and that he was placed in the _First_ class.

He gained distinction in _Mathematics, Physics and chemistry_

Senate House,

The 6th May 1947.

Registrar

1947 in Madras ausgestelltes Diplom: Ob dies das Abiturzeugnis meines Vaters ist?

weils nur auf einer Seite geröstet sind, irritiert mich allerdings schon. Soll einer die Inder verstehen. – Doch, jetzt verstehe ich. Derselbe Kellner fragte mich gestern: eine oder zwei? Eine, habe ich geantwortet. Und damit die Anzahl Toastscheiben gemeint. Er hingegen die zu röstenden Seiten. Was insofern Sinn macht, als man bei der Zubereitung von Spiegeleiern bekanntlich vor derselben Wahl steht. Silvia – ach, meine Silvia – mag sie beidseitig gebraten. Ich einseitig. Auch an den folgenden Tagen sollte ich immer zwei Scheiben Toast bekommen. Und immer einseitig geröstet.

Ein anstrengender Tag liegt vor mir. Am Abend der Ehemaligenempfang im College, davor bin ich mit dem fülligen Sekretär verabredet, der bis dahin die Unterlagen über meinen Vater zusammentragen will (vorausgesetzt, es gibt welche). Und die kommenden Stunden werde ich mit dem in Madras ansässigen Zweig meiner Verwandtschaft verbringen. Vor allem möchte ich mich mit meiner Tante unterhalten, der jüngsten Schwester meines Vaters. Wie ich gestern erfahren habe, ist sie noch um einiges jünger, als ich dachte. Zweiundzwanzig Jahre betrug der Altersunterschied zwischen ihrem Bruder und ihr. Dies bedeutet, dass seine Übersiedlung nach London kurz nach ihrer Geburt erfolgt sein muss und sich die beiden nicht allzu gut gekannt haben konnten.

Mein Rücken surrt. Vorsichtshalber schlucke ich ein Schmerzmittel, entzündungshemmend. Natürlich spüle ich es nicht mit Leitungswasser hinunter, sondern mit Mineralwasser, das ich hier selbst zum Zähneputzen verwende. Der Hals kratzt noch immer, aus meinen Lidwinkeln quillt weißer Brei, das Ziehen im Fuß könnte von der lädierten Bandscheibe herrühren, und die *Hindu Times* berichtet, dass aufgrund der heftigen Regenfälle der letzten Tage die Malariagefahr in der Stadt gestiegen sei. Vor allem ärmere Gegenden seien betroffen. Ob wohl das Muslimviertel, in das ich mich demnächst begeben werde, mitgemeint ist? Ein gesundes Maß an Hypochondrie gehört nun mal zu einer Indienreise.

Bevor ich das Hotel verlasse, zwinge ich mich dazu, meine Rückenübungen zu machen. Zu diesem Zweck lege ich den gemusterten Teppich, den ich zusammengerollt im Schrank gefunden habe, auf den Zimmerboden. Hoffentlich ist das kein Gebetsteppich, denke ich, während ich mit angewinkelten Beinen meine innere Bauchmuskulatur anspanne und dazu gleichmäßig zu atmen versuche. Als ich zum finalen Part des vom Physiotherapeuten zusammengestellten Turnprogramms gelange (Rumpfbeugen), erreicht mich eine Textnachricht von Nowrose: Ich würde von einem Fahrer abgeholt; er sei in zehn Minuten bei mir.

In aller Eile packe ich meinen Rucksack: Sonnencreme, Insektenspray, Aufnahmegerät (für das Interview mit meiner Tante) und die wenigen Mitbringsel aus der Schweiz. Beim letzten Mal hatten Silvia und ich einen halben Koffer mit Geschenken mitgenommen – Kinder-T-Shirts, Armbanduhren, Wandkalender –, doch irgendwie hatten wir nicht den Eindruck, dass meine Verwandten allzu viel damit anzufangen wussten. Silvia in einen Sari zu wickeln oder sich mit Onkel Bruno fotografieren zu lassen, schien ihnen entschieden mehr Freude zu bereiten.

Als ich durch die Drehtür ins Freie trete, zeigt der freundliche Portier, der immer salutiert, seit ich ihm zwanzig Rupien – dreißig Cent – in die Hand gedrückt habe, auf eine weiße Limousine. Ein Mann Anfang fünfzig steigt aus und schlendert auf mich zu. «Assalamu Alaikum, Sie müssen Bruno sein.» Heller Leinenanzug, sorgfältig gestutzter Bart, dezenter Rasierwasserduft, Golduhr am Handgelenk, manikürte Hände. Und ein kaltes, selbstsicheres Lächeln. Ich bin verwirrt, denn weiße Limousinen und manikürte Hände sind so ziemlich das Letzte, das ich mit meinen Verwandten in Verbindung bringe. Der Mann öffnet die Beifahrertür, ich steige ohne nachzufragen ein. Dankbar beteilige ich mich an seinem routinierten Smalltalk, den er in passablem Englisch führt. Mein geheucheltes Lob für seinen schönen Wagen – ich mache mir nichts aus Autos – quittiert er mit einem «Alles liegt in Gottes Hand».

Nach einer verblüffend kurzen Fahrt erkenne ich die Moschee wieder, in deren Nähe sich die Wohnung meiner Tante und die Mädchenschule von Nowrose befinden. Ohne es zu ahnen, habe ich ein Hotel in der Nachbarschaft meiner Verwandten gebucht. Die Limousine biegt in eine schmale Straße ein und gleitet durch eine beinahe teichgroße Pfütze. Schmutzwasser spritzt hoch. «Viel Regen», lächelt der Fahrer. «Malaria», denke ich.

«Bruno!» Ein Bruder von Nowrose reißt die Tür auf, hilft mir aus dem Auto und entbürdet mich meines Rucksäckchens. (Entweder er hat gelernt, dass man Europäer grundsätzlich wie ältere Damen behandeln soll, oder er weiß um meine Scherereien mit dem Rücken.) Ich werde eine schmale Treppe hochgeschubst, ohne dass ich Gelegenheit habe, mich beim Manikürten für den Abholservice zu bedanken. Vor der Wohnungstür entledige ich mich mehr oder weniger behände meiner brandneuen Mokassins. Für dieses Schuhwerk habe ich mich aus zwei Gründen entschieden: Es lässt sich erstens leicht abstreifen, ist aber zweitens weniger informell als Flipflops und daher besser für Rektoreninterviews und Ehemaligenempfänge geeignet.

Der Bruder von Nowrose zeigt traurig auf meine schönen neuen Mokassins. «*No good.*» Am Nachmittag werde er mir Chappals vorbeibringen, verspricht er. Natürlich sage ich ihm, dass dies nicht nötig sei; natürlich lässt er sich nicht von seinem Vorhaben abbringen. Es stellt sich heraus, dass er im Pachtverhältnis ein Schuhgeschäft betreibt – Inhaber ist der manikürte Limousinenfahrer, der zahlreiche Geschäfte in der Gegend besitzt und zudem so etwas wie der Generalsekretär der Moschee ist.

Ich schiebe den Türvorhang beiseite. Meine Tante eilt auf mich zu, streicht mit der Hand über meine Stirn und schluchzt. Der älteste Sohn von Nowrose, der bei meinem ersten Besuch mit dem lindgrünen Plastikstuhldrachen gekämpft hatte, hüpft wie ein Gummiball auf und ab. Die kleinen Zwillinge umklammern meine Beine und zerren, unbeeindruckt vom scharfen Tadel ihrer Mutter, in entgegengesetzte Richtungen. Frauen, die ich von den Fotos wiedererkenne, lachen mich an, wie es auf dieser Welt vielleicht nur Inder können. Wie nur konnte ich dieses Lachen vergessen?

Die nächsten Stunden verlaufen im bekannten Rahmen. Wobei «Rahmen» das falsche Wort ist für das chaotische Geschehen mit den ineinander übergehenden Mahlzeiten, Imbissen und Teekränzchen, dem Parallelprogramm aus Geschenkeaustausch, Fotoalbenansicht und Fragestunde (Wo ist Silvia? Warum keine Babys? Welche Farbe haben bei euch Polizeimützen?) und dem unvermittelten Aufbruch zu einer Reihe von Kurzbesuchen bei Verwandten und «Verwandten», die im Viertel leben. Ich bin selbst erstaunt, wie gelassen ich das Programm absolviere. Sogar die Verschiebung des Interviews mit meiner Tante aufgrund zu lauten und zahlreichen Publikums nehme ich mit der Ruhe eines Yogis und dem Fatalismus eines Mekka-Pilgerers hin. Wird aus mir doch noch ein Inder?

Der Cousin mit dem Schuhgeschäft bringt die versprochenen Chappals vorbei und reicht mir gleich noch einen Plastiksack, damit ich meine schönen neuen Mokassins entsorgen kann. Cousin II lädt mich zu sich nach Hause ein und präsentiert, wie beim letzten Mal, seine Sammlung präparierter Seepferdchen und versteinerter Muscheln. Erst jetzt realisiere ich, dass das, was ich für eine Art Vorzimmer hielt, in Wahrheit seine Wohnung ist: zwölf Quadratmeter, zwei Erwachsene, zwei Kinder; ein Tisch, ein Bett, eine Kochnische. Cousin III kramt ein Foto seiner jungen Frau aus einer Schachtel. Er erklärt, dass dies das Bild gewesen sei, aufgrund dessen er sich für sie entschieden habe. Insgesamt standen offenbar vier Bräute zur Auswahl, es klingt ein wenig nach Versandhauskatalog. Die Hochzeit sei der schönste Tag seines Lebens gewesen, sagt er mit verliebtem Blick. Seine Frau steht daneben und strahlt und strahlt und strahlt. Wie viele Paare sehen fünf Jahre nach einer Liebesheirat noch so glücklich aus?

Cousin IV ist Schneider, seine Wohnung hat ein zusätzliches Zimmer, das ihm als Werkstatt und Lagerraum dient. Er zeigt mir eine größere Auswahl selbstgenähter *Nighties*, indischer Nachthemden. Es dauert einen Moment, bis ich verstehe, dass er mir die meisten als Geschenk für Silvia mitgeben will. Nach längerem Hin und Her kann ich ihn auf zwei Exemplare herunterhandeln. Das Argument, dass man die kostbaren Textilien am Flughafen konfiszieren werde, falls ich zu viel Gepäck mit mir herumtrage, leuchtet ihm ein. Kein Gehör hat er hingegen für den Hinweis, dass Silvia, die diesmal leider nicht hat mitkommen können, beim nächsten Mal aber ganz bestimmt wieder dabei sein wird – ja, selbstverständlich mit Baby –, dass meine schöne kluge Gattin zwar größer sei als die meisten Frauen hier, aber soo groß nun auch wieder nicht: Feierlich übergibt er mir zwei kunstvoll bestickte Nighties, die dermaßen generös geschnitten sind, dass man mit ihnen mühelos den Indischen Ozean besegeln könnte.

Ein paar Stunden später sitze ich im Studentencafé des Loyola College und trinke einen zuckerwattesüßen Latte macchiato. Ich wirke auf Stechmücken etwa gleich anziehend wie Julio Iglesias auf reife Damen, weshalb ich mich in dieses mehr oder weniger insektenfreie Refugium zurückgezogen habe. Hier will ich die Zeit bis zum Beginn des Ehemaligenempfangs totschlagen. Der füllige Sekretär ist nämlich nirgends auffindbar, was mich dank meiner neuerworbenen Yogi-Haltung aber nicht sonderlich zu betrüben vermag. Das etwas versteckt gelegene Café ist mir von einem netten Studenten gezeigt worden. Zuvor nahm sich ein anderer netter Student die Zeit, mich vor dem Monument des Ignatius von Loyola zu fotografieren, da ich die Stationen des schulischen Werdegangs meines Vaters dokumentieren möchte.

Die artige Schlange vor dem Tresen und das verhaltene Gekicher der jungen Gäste im Café bestätigen meinen Eindruck: Zwar bestehen durchaus Parallelen zu der Atmosphäre auf dem Campus einer angelsächsischen Universität. Die indischen Studenten wirken jedoch braver, disziplinierter, rücksichtsvoller. Nicht unbedingt ein Vorteil für eine Karriere im Westen, wo ein gewisses Maß an Forschheit und Insubordination unabdingbar sind. Ich frage mich, ob mein Vater, den ich als selbstbewusst auftretenden Menschen in Erinnerung habe, sich diesen Habitus erst aneignen musste. Und ob ihm genau deswegen manchmal das Gespür dafür abging, wann Eigensinn gefragt war und wann eine Schleimnummer.

Vor der Reise erkundigte ich mich bei dem in London lebenden indischen Journalisten, der mich auf die Spur des Loyola College gebracht hatte, ob es für diese Art von Empfang einen Dresscode gäbe. «Mit einem leichten Jackett liegst du nie falsch», schrieb er zurück. Also kaufte ich daheim bei H&M das sommerlichste Stück, das der Laden im November zu bieten hatte. Und nun stehe ich im unklimatisierten Auditorium maximum, mit Jackett und Mokassins, klatschnass bereits nach zwei Minuten, umringt von vergnügten indischen Herren in kurzärmeligen Hemden. Mein Bekannter aus London lebt wohl schon zu lange in Europa.

Ich erkenne den Rektor und seinen Sekretär, die würdevoll in Richtung Bühne schreiten. Der Mann in ihrer Mitte muss der Ehrengast sein. Mister Kodumudi Sambamurthi Sripathi, Chefsekretär der Regierung des Bundesstaats Tamil Nadu und Alumnus des Loyola College. Nicht einmal er trägt ein Jackett. Der Rektor säuselt ein «*warm welcome*» in den Saal und fügt an, dass dies durchaus wörtlich zu verstehen sei. Die Zuhörer quittieren die Wortspielerei mit temperiertem Gelächter, wie man es etwa aus dem britischen House of Lords kennt. Die nächste halbe Stunde wird mit diversen Lobeshymnen auf den sehr verehrten Mister Sripathi zugebracht, in denen Mister Sripathis Intelligenz, Fleiß und Bescheidenheit sowie Mister Sripathis Loyalität, Gottgefälligkeit und Ehrlichkeit, ja selbst Mister Sripathis Pünktlichkeit gepriesen werden. Über diese

Form von Ego-Ayurveda würde sich manch ein westlicher Politiker freuen. Mister Sripathi aber antwortet trocken: «Wie nur habe ich all das verdient? Ich komme vom Land. Bevor ich hier aufgenommen worden bin, wusste ich nicht einmal, wie man Loyola buchstabiert.»

Ich sitze direkt unter einem lärmenden Ventilator – gut für meinen Temperaturhaushalt, schlecht für das Kratzen im Hals –, weshalb ich den Reden nicht mit letzter Aufmerksamkeit folgen kann und allmählich in einen tranceartigen Zustand falle, wie man das von den Doppelstunden Mathe am Gymnasium kennt. Plötzlich aber bin ich hellwach. «… den langen Weg aus der Schweiz auf sich genommen hat, um dem College seines Vaters einen Besuch abzustatten. Ich bitte Sie, meine lieben Alumni und Alumnae, um einen kräftigen Applaus für Mister Bruno aus Zürich.»

Ich erhebe mich freundlich nickend, bescheiden lächelnd und – Vorteil meiner Genkombination – ohne rot zu werden. Beifall brandet auf, als habe Anne-Sophie Mutter soeben eine zweite Zugabe gespielt. Der Rektor klatscht, der füllige Sekretär klatscht, sogar Mister Sripathi klatscht. Es ist eine ebenso komische wie rührende Szene. Ich aber denke bloß: HOFFENT-LICH war er wirklich hier.

Am nächsten Morgen genehmige ich mir wie gewohnt zwei einseitig geröstete Scheiben Toast und blättere in der *Times of India,* soweit das in der Gegenwart des neugierigen Kellners überhaupt möglich ist: Woher kommen Sie? / Wie gefällt Ihnen Indien? / Lesen Sie die Bibel? / Mögen Sie Fisch? / Und Pizza Hut? Für meine Rückenübungen bleibt heute keine Zeit, denn Nowrose hat angekündigt, dass sie mich in Bälde abholen werde. Sie möchte mit mir zu einer Ingenieurschule am anderen Ende der Stadt fahren. Von Babu will sie erfahren haben, dass dies der Ort ist, an dem mein Vater sein erstes Hochschuldiplom erwarb. Ich verspreche mir nicht allzu viel von der Exkursion. Mich treibt noch immer die Frage um, ob mein Vater für sein Abitur am Loyola College war. Der lustige Sekretär ist noch nicht dazu gekommen, im Archiv nachzusehen, versprach aber gestern Abend, dies vor meiner Weiterfahrt nach Srivaikuntam zu tun.

Diesmal werde ich nicht in einer weißen Limousine herumchauffiert, sondern in einem verbeulten Kleinwagen. Dennoch gibt es eine Verbindung: Der Lenker arbeitet nämlich als Fahrer für den manikürten Besitzer der Limousine. Das erfahre ich von Nowroses Bruder, dem Schuhgeschäft-Pächter, der seine Schwester und mich heute begleitet.

«Mein Mann lässt dich herzlich grüßen», sagt Nowrose unvermittelt. «Er wäre gerne mitgekommen, muss aber arbeiten.»

«Das heißt, ihr seid wieder …»

«Ja. Wir haben nun mal beide unseren Kopf. Da kann es ab und zu krachen.»

«Verstehe. Herzliche Grüße auch an ihn.»

Unser Fahrer hat ein zerfurchtes Gesicht, trägt einen Schnurrbart, lacht derb und hupt leidenschaftlich. Erstaunlich, wie gewisse Archetypen auf der ganzen Welt anzutreffen sind – viel anders tritt ein Berliner Taxifahrer auch nicht auf.

Der Fahrer fragt nach meinem Namen.

«Ich heiße Bruno.»

«Hä?»

«Bruno.»

«Bu?»

«Bru.»

«Buno!»

«Exakt.»

«Weißt du was, Bono. Wir geben dir einen richtigen Namen. Ab jetzt heißt du Abdullah.»

Statt auf den Verkehr zu achten, schielt er in der Folge ständig zu mir hinüber, knufft mich in den Oberarm und krächzt, hocherfreut über seinen Einfall, «Abdullah!». Immer wieder Abdullah.

«Links, das ist das Meer, Abdullah.»

«Darauf wäre ich jetzt nicht gekommen.»

«Richtig. Es handelt sich um den zweitlängsten Sandstrand der Welt.»

«Und welches ist der längste?»

Dieselbe Frage hatte ich schon vor fünf Jahren gestellt. Sollte sie beim nächsten Mal erneut niemand beantworten können, werde ich auf Wikipedia nachschauen.

Nach anderthalb Stunden Fahrt bei großer Hitze durch gnadenlos verstopfte Straßen erreichen wir ein steinernes Portal. Dahinter führt ein asphaltierter Weg durch eine symmetrisch angelegte, mehrere Fußballfelder große Parkanlage. Am Ende des Wegs prangt ein verschnörkeltes Backsteingebäude aus der Kolonialzeit im sogenannten British-Raj-Stil. Nowrose spricht den Pförtner an, der uns (oder ist es bloß Einbildung?) misstrauisch mustert. Ich schnappe ein paar englische Worte auf, mit denen ihre auf Tamil gehaltene Rede durchsetzt ist. Die gleichen Worte werde ich im Verlauf der kommenden Wochen noch oft zu hören bekommen: *Father*, *London*, *Imperial*, *doctorate*.

Ihr Bruder erklärt mir derweil, dass wir uns am Eingang zum Guindy College befänden – der Universität, an der mein Vater seinen Bachelor als Bauingenieur erworben habe. Später werde ich erfahren, dass es sich bei der im Jahr 1794 von den Briten gegründeten Ingenieurschule um eine der ältesten technischen Universitäten der Welt und die älteste Indiens handelt. Ein emeritierter Professor wird mich wissen lassen, dass zu der Zeit meines Vaters auf hundert Studienplätze etwa zehntausend Bewerber kamen. Ich werde beeindruckt sein. Im Moment aber beschäftigt mich etwas anderes: Wann kann ich endlich unserer Blechsauna entsteigen?

Nowrose redet ruhig, aber bestimmt auf den Pförtner ein. Nach kurzer Zeit wackelt er als Zeichen der Zustimmung mit dem Kopf und winkt uns mit großer Geste durch. Ich habe das Kommando, wenn ich es je hatte, längst abgegeben. Meine Cousine geht zielsicher auf das Hauptgebäude zu, ich trotte an der Seite ihres Bruders hinter ihr her. Sie dreht sich zu mir um und sagt: «Wusstest du eigentlich, dass ich eine Stelle in den USA angeboten bekommen habe?»

Wie sich herausstellt, offerierte ihr eine Agentur, die Jobs in Übersee vermittelt, eine Anstellung als Biologielehrerin – ihr Studienfach – in der Nähe von Atlanta. Nowrose sagte im letzten Moment ab. Zum einen wollte sie ihre kleinen Buben nicht allein in Indien zurücklassen, zum anderen hat der Chef der Agentur sie wütend gemacht: Zum Bewerbungsgespräch erschien sie, wie von ihm verlangt, in westlicher Kleidung. Sogar Jeans hat sie sich für den Anlass gekauft. Das Kopftuch aber, das behielt sie an. «Aus purer Gewohnheit. Ich vergaß schlicht, es abzulegen.» Der Chef beschimpfte sie dann vor allen Leuten, und sie kam zu dem Schluss: «Wenn das schon so anfängt, mache ich den Job lieber nicht.» Ihr Ehemann war ziemlich verärgert. Mit dem Gehalt, so hielt er ihr vor, hätte man den Kindern dereinst eine gute Ausbildung ermöglichen können.

Ich bin – nicht zum ersten Mal, seit ich mich wieder in Indien befinde – verblüfft. Bisher bin ich immer davon ausgegangen, dass meine Verwandten und ich in zwei strikt getrennten Welten leben. Ich kann sie zwar in ihrer Welt besuchen, für sie aber ist die Distanz zu meiner Welt – die 7762 Kilometer Luftlinie zwischen Srivaikuntam und Zürich, die ökonomische und kulturelle Distanz – unüberwindbar. Eine einzige Person aus der Familie hat sie je überwunden: mein Vater. Als der Gastarbeiter im Internet auf meinen Zeitungsartikel stieß und ihn mit dem Übersetzungsprogramm ins Englische übersetzte, war dies in gewisser Weise das erste Mal, dass einer von ihnen sich in meine Welt verirrte. Und ich empfand es fast ein wenig als Übertretung. Mehr als ein halbes Jahrhundert nach meinem Vater hat sich nun Nowrose die Möglichkeit geboten, als zweites Familienmitglied überhaupt in den Westen aufzubrechen. Seit dem Moment vor fünf Jahren, als ich am Flughafen von Madras von Babu abgeholt wurde, ist mir noch keiner meiner Verwandten so nahe gekommen.

Ich stelle mir Nowrose allein in einer amerikanischen Großstadt vor. Natürlich, sie ist eine kluge und zielstrebige Frau, die unter Bedingungen, die in vielerlei Hinsicht härter sind als im Westen, eine Familie gegründet und eine Karriere aufgebaut hat. Sie würde ein paar Jahre USA überstehen, sie würde sich früher oder später zurechtfinden. Die Lebensart, mit der sie sich konfrontiert sähe – das Auftreten der Schüler, die Kleidung der Kolleginnen, das Unterhaltungsangebot, die Werbeplakate, Bars und Sexkinos, der Zynismus der Medien, die

alleinerziehenden Mütter, betrunkenen Teenager und verein-
samten Pensionäre, die Mischung aus Lärm und Leere, Freiheit
und Strenge, Aggression und Kontrolliertheit, das Aseptische,
Durchorganisierte und zugleich Unübersichtliche –, all das
würde sie aber mit großer Wahrscheinlichkeit verstören, ein-
schüchtern, aufwühlen, betrüben, vielleicht sogar schockie-
ren.

Wäre ein Weggang aus Indien für Nowrose eine Zumutung?
Ist er es für meinen Vater gewesen? Würde der Schritt ihr und
ihrer Familie überhaupt ein glücklicheres Leben ermöglichen?
All die Entbehrungen und Anstrengungen, die Einsamkeit,
die Entwurzelung, die Tränen: wozu? Und mein Vater, hat er
sich das manchmal auch gefragt? Vermutlich sind die beiden
Situationen nicht miteinander vergleichbar. Mein Vater ist als
junger Mann von zu Hause fortgegangen, unverheiratet, kinderlos, eine Mutter und sieben Schwestern zurücklassend, für
die er sich verantwortlich fühlte. Nowrose aber ist eine über
vierzigjährige Frau, die mitten im Leben steht. In einem Leben,
das, von außen betrachtet, nicht so schlecht ist.

Meine Cousine sieht mich erwartungsvoll an. Ich murmle:
«Vielleicht ist es besser für dich, wenn du deinen Weg hier
machst.» Dabei weiß ich selbst nicht, was ich von meinem Rat
halten soll: Ist er ein Zeichen der Zuneigung oder bloß Anmaßung?

Wir erreichen das rote Backsteingebäude mit dem verschnör-
kelten Turm. Nowrose fragt sich zum Alumni-Büro durch.
Father, Guindy, London, Imperial, *doctorate*: Ein Mitarbeiter
hört ihr teilnahmslos zu, nimmt schläfrig den Hörer in die
Hand und wählt irgendeine Nummer. Hinter ihm lagern zahl-

lose Akten, verteilt auf ein Dutzend oder mehr Stapel. Meine bürokratiesensible Schnelldiagnose lautet: Hier drinnen etwas in Erfahrung bringen zu wollen, ist Zeitverschwendung. Nachdem der Bürokrat das Telefongespräch beendet hat, nuschelt er einen Monolog in Richtung Nowrose, die sich konzentriert Notizen macht. «Dein Vater war tatsächlich hier», sagt sie schließlich zu mir gewandt. «Von 1943 bis 1947. Abschluss des Grundstudiums als Bauingenieur. Danach ging er nach England. Lass uns den Präsidenten der Ehemaligenvereinigung anrufen. Ich habe seine Nummer erhalten.»

Ich entschuldige mich in Gedanken bei dem Bürokraten für meine haltlosen eurozentrischen Vorurteile. Vielleicht könnte er ja bei Gelegenheit den Damen vom Imperial College ein wenig Nachhilfe in den Sparten Effizienz und Kundenfreundlichkeit erteilen.

Nowrose hat bereits die Nummer des Präsidenten gewählt. Sie spricht ungewöhnlich laut und wiederholt immer wieder meinen Nachnamen: Ziauddin! Ziauddin! Guindy, London, Imperial, *doctorate*. Ziauddin! «Verzeih», lächelt sie, nachdem sie das Gespräch beendet hat. «Ich glaube, der Mann ist etwas schwerhörig.»

«Und? Was hat er gesagt?»

«Er war sehr aufgeregt, weil er zunächst glaubte, dein Vater sei hier. Er sagt, sie seien Freunde gewesen.»

«Wann kann ich ihn treffen?»

«Jetzt gleich.»

Wir eilen zu unserer Blechsauna. Der Fahrer krächzt «Hallo, Abdullah», und Nowrose telefoniert mit ihrer Mutter, die wissen will, ob mir der Safranreis schmeckt, den sie uns mitgegeben hat. Links, geradeaus, mittlere Spur, bei der Ampel rechts:

Der Bruder von Nowrose lotst den Fahrer durch den Verkehr, weshalb ich ihn für seine Ortskenntnisse lobe. «Ich bin eben ein *City boy*», grinst er.

Stimmt. Unter diesem Gesichtspunkt habe ich meine Verwandtschaft noch nie betrachtet: Sie stammt zwar aus einer sehr ländlichen Gegend. Die Kinder und Enkel meiner jüngsten Tante haben aber einen Großteil ihres Lebens im Millionenmoloch Madras verbracht. Auf Nizar angesprochen, den Bösewicht, der das Haus meines Vaters verkauft hat, wird Nowrose später sagen: «Ach, in Srivaikuntam herrscht so etwas wie Kalter Krieg. Wenn wir hinunterfahren, dann sind wir zu allen freundlich, auch zu Nizar. Warum sollten wir uns in diese Dorfstreitigkeiten hineinziehen lassen?» Und einer der Teenager, die mir jeweils Löcher in den Bauch fragen (Bist du Muslim? Welche Schuhgröße hast du?), ein Frechdachs im Fußballtrikot, hat sich über das Tamilisch meiner jüngsten Tante lustig gemacht: «Sie spricht so schnell, dass wir sie manchmal kaum verstehen. Man merkt eben, dass sie vom Land kommt.»

Bäume, frei stehende Häuser, gusseiserne Tore, geparkte Neuwagen, Ruhe. Wir befinden uns definitiv nicht in den Slums der Stadt. Ein Diener öffnet die Tür und führt uns in ein Bürozimmer, das mit vier Stühlen für Besucher und einem Schreibtisch ausgestattet ist. Hinter dem Schreibtisch sitzt ein greiser, rundlicher Mann. Er sitzt reglos da. Sein Blick ist fest. Die mit geweihter Asche bestrichene Stirn lässt ihn als Hindu erkennen. Der Mann hat etwas von der Aura des alternden Marlon Brando. Wenn da nicht die Füße wären, die unter dem Tisch hervorlugen. Sie sind in dicke Wollsocken gehüllt und stecken in Badelatschen. So hat es mein Vater gegen Ende seines Lebens auch immer gemocht. Draußen schien die Sonne, und er saß in Wollsocken und Adiletten auf seinem Sessel. Grummelnd oder vergnügt, je nach Laune. Wo denn der Tee für seine Gäste bleibe, brummt der Hausherr in Richtung des Dieners. Dann erhebt er sich mühevoll von seinem Sitz, schlurft auf mich zu und sagt:

Der Sohn von Ziauddin. Was für eine außerordentliche Freude! Bei mir sind Sie genau richtig. Ziauddin und ich haben zusammen studiert. Guindy, 1943 bis 1947, *B. E.* Aber bevor Sie mich ausfragen, werde ich Sie ausfragen. Ich muss alles über ihn erfahren. Wie lange er in England war, wie seine Frau hieß, wann er geheiratet hat, für welche Firmen er gearbeitet hat, wann er pensioniert wurde. Schreiben Sie das bitte auf einem Blatt nieder. Es gibt ein Foto von unserer Clique. Es wurde 1947 aufgenommen. Leider kann ich es nicht finden. Wenn Sie mir Ihre Adresse hinterlassen, werde ich es Ihnen nachschicken. Auf dem Foto sind Abdul Rahman, Mohamed Ismail, Rashid Ahmed, Ziauddin und ich zu sehen. Ich erinnere mich genau. Ziauddin sitzt vorne rechts und trägt als Einziger einen Zweireiher. Ich habe mich immer gewundert, wo er den herhatte. Er kam doch vom Land und hatte kein Geld. Abdul Rahman, Mohamed Ismail, Rashid Ahmed, Ziauddin: alles Muslime! Ich habe sie unter meine Fittiche genommen. Man hielt mich deswegen für einen Agenten Pakistans. Aber irgendjemand musste sich um sie kümmern. Ich wusste, das sind gute Leute. Die Moslems, die Urdu sprachen, waren für die Gründung des Staates Pakistan. Aber die tamilischen Moslems hielten zu Indien. Pakistan war das große Thema damals. Wir diskutierten nächtelang. Ziauddin war selbstverständlich für die Einheit Indiens. Sonst hätte er es mit mir zu tun bekommen.

Auch Mahatma Gandhi mochte die Moslems. Aber er konnte nicht viel für sie tun. Als er nach Madras kam, um eine Rede zu halten, gingen wir natürlich alle hin. Obwohl er ein Gujarati war, hielt er seine Reden auf Englisch. So konnte er seine Botschaft allen Indern vermitteln. Ich bin wirklich hocherfreut über Ihren Besuch. Vergessen Sie nicht, mir die Informationen zu senden: wo Ziauddin arbeitete, wie lange er in England war, in welchem Jahr er pensioniert wurde. Am besten erledigen Sie das, solange Sie noch in Indien sind. Danach werden Sie zu beschäftigt sein. Vor allem aber will ich ein Foto von ihm. Ein möglichst aktuelles. Wie er früher ausgesehen hat, weiß ich ja. Sein Englisch war schlecht. Er kam aus der Provinz und wurde, anders als wir, bis zum sechzehnten Lebensjahr auf Tamil unterrichtet. Umso mehr haben wir gestaunt: Dieser schüchterne Junge aus dem Süden, der miserabel Englisch sprach und als Student bloß Durchschnitt war, heiratet eine Lady aus Europa! Ich muss das Foto unserer Clique finden – unsere Muslim-Gang, wie ich sie zu nennen pflegte. Und Sie, stellen Sie mir bitte ein Blatt zusammen, mit Ziauddins biographischen Eckdaten. Ich will alles genau wissen.

Guindy-Absolventen waren bei den Frauen begehrt. Kaum begannen sie zu studieren, schon waren sie vergeben. Ziauddin war in dieser Beziehung eher zurückhaltend. Sonst aber war er ein fröhlicher und geselliger Zeitgenosse. Zur 200-Jahr-Feier der Universität 1994 habe ich ihm geschrieben. Ich habe allen geschrieben. Jene, die in Indien, Australien oder den USA lebten, habe ich ausfindig gemacht. Schwierig wurde es nur, wenn einer nach Pakistan ausgewandert war. Auch von Ziauddin kam nie eine Antwort. Ob er meinen Brief erhalten hat? Sie wollten mich ausfragen, nun habe ich Sie ausgefragt. Gut, dass Sie dieses Buch schreiben. Sie sind der letzte Vertreter Ihrer

Familie. Machen Sie ein Foto von mir und drucken Sie es ab. So werde ich in Ziauddins Biographie vorkommen.

Es ist zwölf Uhr, Zeit für mein Süppchen. Ich bin ein alter Mann. Ihr Besuch bereitet mir große Freude. Und morgen fahren Sie nach Srivaikuntam? Für zwei Wochen? Du meine Güte, was wollen Sie dort so lange! Danach schicken Sie mir aber die Informationen. Jeder, der in Guindy zugelassen wurde, war ein exzellenter Schüler. Ich bin sicher, Ihr Vater war in seinem Distrikt der Beste. Hier war halt die Konkurrenz größer, und er konnte nicht im selben Maß brillieren. Aber es ist ja doch noch etwas aus ihm geworden.

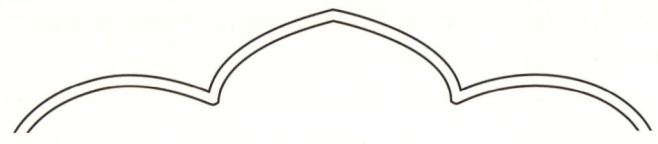

SRIVAIKUNTAM

Ich sitze im Nachtzug nach Tirunelveli, der letzten Stadt vor Srivaikuntam, und suche das Schlüsselchen, das mir der Bruder von Nowrose vor der Abfahrt in die Hand gedrückt hat. Das Schlüsselchen gehört zu einer schweren Kette, mit der er meinen Koffer unter der Sitzbank festzurrte, um ihn vor dem Zugriff diebischer Hände zu sichern. Jetzt würde ich den Koffer gerne öffnen, um eine Mütze herauszunehmen, die meinen Kopf vor dem Polarluftgebläse schützt (Schlafwagen, klimatisiert), das dreißig Zentimeter über der Liege angebracht ist und in den nächsten zwölf Stunden meine Stirnhöhlen in Gletscherspalten zu verwandeln droht. Zugleich könnte ich, würde ich das Schlüsselchen finden, den englischen Koran verstauen, den mir der Ehemann von Nowrose zum Abschied geschenkt hat, in dem zu lesen mir aber gegenwärtig nicht der Sinn steht. Es ist die dritte oder vierte englischsprachige Koranausgabe, die ich auf meinen beiden Reisen erhalten habe.

Nun habe ich den Ehemann von Nowrose also doch noch kennengelernt. Nach einem anstrengenden Tag in den Fängen meiner Verwandten wurde ich von ihm, seinem Schwager und dem Schneider, der mir die XXL-Nighties für Silvia überreicht hatte, zum Bahnhof gebracht. Kurz bevor der Zug abfuhr, bat er darum, mit mir fotografiert zu werden. Die Chefin des Call-

Centers, in dem er arbeite, sehe es gerne, «wenn wir Umgang mit Westlern haben». Jetzt, wo Nowrose nicht in die USA gehe («wir haben beide unseren Kopf»), werde er es vielleicht selbst versuchen, ergänzte er mit seinem amerikanisch angehauchten Akzent, den er sich für den Job hat aneignen müssen. Dann kramte er einen Zettel aus der Tasche, auf dem die Adressen einiger Webseiten notiert waren, die mir helfen würden, die Botschaft des Islams, der Religion der Liebe und des Friedens, besser zu verstehen. Ob er wohl in seiner Moschee Predigten zu hören bekam, in denen die Dekadenz des Westens angeprangert wurde? Auf jeden Fall schien er zu der großen Gruppe jüngerer Muslime zu gehören, die in dem Widerspruch leben, dass sie sich vom *American Way of Life* magisch angezogen fühlen, diesen aber gleichzeitig zum Irrweg deklarieren.

Der Zug rumpelt. Mein Magen rumpelt. Hoffentlich nicht wegen des Hamburgers, den zu verzehren ich schlecht hatte ablehnen können. Das kam so: Als ich dachte, ich könne mich endlich in den Ruheraum zurückziehen, den mir ein Anverwandter in seinem Haus hergerichtet hatte, tauchte der Manikürte auf und lud mich zum Abendessen ein. Es war offensichtlich, dass der Mann im Viertel erheblichen Einfluss besaß. Weil mindestens zwei meiner Cousins direkt auf seine Gunst angewiesen waren – Nowrose mit ihrer Mädchenschule und ihr Bruder mit seinem Schuhgeschäft –, blieb mir nichts anderes übrig, als die Einladung anzunehmen.

Da viel wohlhabender als meine Verwandten, übertrumpfte er sie auch mit den Speisen, die er zu meinen Ehren auftischte. Zu den Extras, die er bot, gehörten unter anderem eine 1,5-Liter-Coca-Cola-Flasche und eben eine Ladung Hamburger. Vor allem die Mayonnaise, mit der die Fleischscheiben überzogen waren, ließ die Kassandra in mir nervös werden. Ich gab mir trotzdem alle Mühe, brav zu essen und angeregt mit ihm zu konversieren. Letzteres entpuppte sich nicht immer als ganz einfach:

«Sie sind aus *Swiserlend*, nicht wahr?»

«Genau.»

«Und welches ist Ihre Muttersprache?»

«Deutsch.»

«Hitler!»

«Hm.»

«Was halten Sie von ihm?»

Ich versuche das Tête-à-Tête mit dem Manikürten und das Rumpeln in meinem Magen zu verdrängen. Wie so oft in diesem Land surrt mein Kopf von all den Eindrücken, Begegnungen und Fragen. Mein Vater hatte also Mahatma Gandhi gesehen. Damit hätte er ruhig mal angeben können. Auch wenn er das Erzählen von Anekdoten aus seiner Jugend für überflüssig hielt. Auch der Brief seines greisen Studienfreundes geht mir nicht aus dem Sinn. Ich wollte den Freund nicht kränken und behauptete, meine Eltern seien zu jener Zeit umgezogen und der Brief wahrscheinlich nie angekommen. In Wahrheit ging ich davon aus, dass ihn mein Vater sehr wohl erhalten, aber nie beantwortet hatte. Ziemlich herzlos von ihm. Offenbar wühlten ihn diese Art von Botschaften aus seinem ersten Leben zu sehr auf. Er hatte sich vor die Wahl gestellt gesehen: entweder oder. Hier oder dort. Indien oder Europa. Wurzeln? Multikulti? Nicht, wenn man ein dunkelbraunes Unikum in einem makellos weißen Städtchen war.

Was sicher zur Entfremdung von der Heimat beitrug: die Enttäuschung über seinen eigenen Vater. Vor meiner Abreise aus Madras hatte ich auch meine Tante auf ihn angesprochen. Es folgte ein längerer Monolog, der in heftiges Schluchzen mündete. Nowrose übersetzte nur einen Satz: «Nicht einmal zu meiner Hochzeit ist er gekommen.» Hier saß eine neunfache Mutter, neunzehnfache Großmutter und dreifache Urgroßmutter, die wie ein kleines Mädchen heulte. Es war herzzerreißend. Und das wegen einer Kränkung, die ihr vor fast fünfunddreißig Jahren zugefügt worden war. Von einem Mann, der seit dreißig Jahren tot war. Wie heftig mussten dann die Emotionen meines jungen Vaters gewesen sein?

Ich komme mit einem Mitreisenden ins Gespräch, der ebenfalls keinen Schlaf findet. Er ist Neurochirurg und lebt in Kerala, dem Nachbarstaat Tamil Nadus. Ich erzähle ihm von meinem Buchprojekt, und er – ein überaus belesener Mann, wie sich rasch herausstellt – diktiert mir zahlreiche Literaturtipps. Dann erkundigt er sich, ob mein Vater Missionar gewesen sei. Es dauert einen Moment, bis ich den Sinn der Frage verstehe: Er kann sich nicht vorstellen, dass ich indisches, geschweige denn südindisches Blut in mir habe. Offensichtlich habe ich in den paar Tagen Madras nicht allzu viel Sonne erwischt. Wir sprechen über Religion, und ich erfahre, dass es in Indien, Apostel Thomas sei Dank, schon länger Christen gibt als in Europa. Der Neurochirurg bezeichnet sich selbst als «Hindu, der verschiedene Religionen praktiziert». In gewisser Weise, ergänzt er grinsend, lasse sich seine Haltung «als aufgeklärter Synkretismus bezeichnen». Etliche seiner Freunde seien Muslime, an Weihnachten werde er mit seinem Sohn eine christliche Kirche aufsuchen, und in der Synagoge von Kochi, der ältesten im ganzen Commonwealth, sei er auch schon gewesen.

Ich muss an die Sightseeingtour mit Nowrose und den Besuch des städtischen Museums denken. Ich staunte, wie viel die gläubige Muslimin über die hinduistischen und buddhistischen Statuetten, Reliefs und Fresken zu erzählen wusste. Beim Stichwort Religion dachte man im Zusammenhang mit Indien schnell einmal an marodierende Hindufanatiker und bombenlegende Separatisten aus Kaschmir. Offensichtlich gab es auch das Gegenteil: eine Kenntnis anderer Religionen und eine Neugier, wie man sie im Westen nicht allzu häufig antrifft.

Ich frage meinen klugen Mitreisenden, ob er mir sein widersprüchliches Land erklären könne: die enormen kulturellen, intellektuellen, technologischen und ökonomischen Ressourcen einerseits; die grotesk schlechte Infrastruktur, die perverse Armut, die unsägliche Rückständigkeit auf dem Land andererseits. Er lächelt nachsichtig und sagt: «Wenn die chinesische Zentralregierung den Bau eines gigantischen Staudamms beschließt, dann wird der gigantische Staudamm gebaut. Und wenn sie das Zeitalter der Einkindfamilie verkündet, dann wird die Einkindfamilie mit allen Mitteln durchgesetzt. Indien aber ist eine demokratische Gesellschaft. Es gibt hier widerstreitende Interessen, Parteien, die sich bekämpfen, Bürgerinitiativen, eine freie Presse, Umwege, Rückschläge, langwierige Prozesse. Leben wir nicht alle lieber in einer Demokratie als in einer Diktatur?»

Es sollte nicht die letzte Unterhaltung mit einem Inder sein, in der die Rede auf China kam. Eigentlich logisch: Die beiden Länder sind Nachbarn, sie sind Atommächte, sie sind wirtschaftliche und politische Rivalen; auf ihren Territorien leben dreimal so viele Menschen wie in den USA und der EU zusammen. Warum soll man sich hier über Europa Gedanken machen?

Als ich erwache, scheint bereits die Sonne. Der Mitreisende fragt vorsichtig, wo ich aussteigen müsse. «Tirunelveli? Dann beeilen Sie sich besser. Wir sind gleich da.» Hastig schlüpfe ich in die Chappals, die mir Nowroses Bruder geschenkt hat (meine Mokassins werde ich nur noch fürs Hochzeitsfest anziehen), und greife nach dem Koffer, der unter der Sitzbank verstaut ist. Das Schlüsselchen. Wo nur habe ich das verdammte Schlüsselchen hingetan? Zum Glück: Das Schloss baumelt geöffnet an der Kette. Ich verabschiede mich von meiner Zugbekanntschaft und stolpere verschlafen ins Freie.

Babu, der auf mich zueilt und mich mit tränenerstickter Stimme begrüßt. Mister Yusuf, der schüchtern lächelnd dasteht. Die Fahrt durch das staubige Tirunelveli. Die Landschaft, die immer grüner wird, je mehr wir uns Srivaikuntam nähern. Die Brücke, die über das breite, ausgetrocknete Flussbett zum Dorf führt. Die Einfahrt in das kleine Muslimviertel mit seiner Big Mosque: Es ist alles so wie beim letzten Mal. Und doch fühle ich mich ganz anders. Weniger überwältigt, weniger unbefangen und, wie schon bei meiner Ankunft in Madras vor knapp einer Woche, etwas verloren.

Der Empfang in Babus Haus ist auch nicht dazu angetan, meine Stimmung zu heben. Ich schiebe den Türvorhang beiseite und hole tief Luft in Erwartung eines vollgepferchten Raumes, der angesichts meiner Ankunft in Wallung gerät. Doch der Raum ist leer. Einzig Babus Mutter – meine Tante Kamarunisa – döst auf einer Strohmatte. Selbst das legendäre Kunststoffsofa mit der pastellfarbenen Sitzfläche und den rotlackierten Rändern ist weg.

«Was ist denn mit eurem Sofa passiert, Babu?»

«No problem.»

Nein, er versteht mich nicht besser als beim letzten Mal. Und ich ihn auch nicht: Harinks? Harings? Horings? Hodrings? *Hot drinks!* Ja, gerne, lieber Babu. Eine Tasse Tee, das wäre jetzt genau das Richtige. Nur wenig Zucker, bitte. Wenig? Zucker. Zucker? Wenig. – *«Lite sugar, lite sugar»*, ruft Babu schließlich in die Küche. Dann zu mir gewandt: *«Now you take rest.»* Wieso soll ich mich jetzt schon ausruhen? Ich bin doch eben erst angekommen und gar nicht müde. Trotzdem lasse ich mich von Babu die Treppe hoch in die VIP-Zone bugsieren. Ich schiebe das Moskitonetz beiseite, plumpse auf das Bett und denke an die Worte des Studienfreundes meines Vaters: «Du meine Güte, was wollen Sie denn so lange in Srivaikuntam!»

Ich schlage ein Buch auf, doch alsbald fällt der Strom aus, weshalb es im Zimmer zu düster zum Lesen ist. Wie hatte doch Babu gesagt? «Die Welt verändert sich. Indien verändert sich. Nur in Srivaikuntam ändert sich nie etwas.» Jetzt wäre wohl der ideale Zeitpunkt für meine Rückenübungen. Ich winkle die Beine an und spanne die Bauchmuskeln. Doch das Bild des Krüppels, an dem ich auf meiner Sightseeingtour durch Madras vorbeigefahren bin, will mir nicht aus dem Sinn. Auf zwei Stummeln, die mit schmutzigen Lappen umwickelt waren, robbte er über den Gehsteig. Zentimeter für Zentimeter. Die Mittagssonne brannte ihm auf das unbedeckte Haupt. Sein Kopf hing schlaff nach unten, nur knapp höher als die Aberhunderte von Auspuffrohren, die an ihm vorbeizogen. Ich kam mir plötzlich lächerlich vor mit meinen entzündungshemmenden Schmerzmitteln, physiotherapeutischen Triggerpunktbehandlungen und rumpfstabilisierenden Pilates-Übungen. – Nutzloses Dauermitleid, mit dem man bloß sein Gewissen beruhigte, oder kalte Gleichgültigkeit: Es war nicht einfach, sich in diesem Land eine Haltung zu bewahren, die Ersteres vermied, ohne in Letzteres zu münden.

Ruhelos begebe ich mich auf den Balkon und starre auf das Geburtshaus meines Vaters. Erst jetzt fällt mir auf, dass es höher als die anderen Häuser der Big Mosque Street ist. Später werde ich erfahren, dass es in den achtziger Jahren mit Hilfe der Zuwendungen aus *Swiserlend* um ein Stockwerk erweitert worden ist.

Man hört das Knacken eines Lautsprechers, gefolgt von einem Räuspern.

Allahu akbar. Aschhadu an la ilaha illa llah.

Der Muezzin ruft zum Gebet. Obwohl ich nicht der Typ bin, der leicht in religiöse Verzückung gerät, bin ich so ergriffen wie am ersten Morgen vor fünf Jahren. Der taumelnde, wehmütige Sprechgesang. Das Weiß der Minarette zwischen dem Grün der Palmen. Das überhelle Licht. Die trockene Hitze. Ob mein Vater manchmal Sehnsucht nach der Stimme des Muezzins hatte, wenn er als Student spätabends in sein Kellerzimmer an der Old Brompton Road zurückkehrte?

Ein Brummen reißt mich aus meiner kontemplativen Stimmung – Srivaikuntam hat wieder Strom. Ich gehe zurück ins Zimmer. Das gerahmte Kinderfoto von mir im doofen Nylonhemd hängt noch immer über Babus Schreibtisch. Darunter ist mein Name aufgedruckt. Oder genauer: Darunter steht, wie ich erst jetzt bemerke, «Burno Meeran». Schon in Madras war mir aufgefallen, dass mich einige Verwandte konsequent Burno nannten. Wenn man bedachte, wie viel Mühe *ich* hatte, mir den Namen von Babus Tochter, die bald heiraten wird, zu merken (Musthari Banu) oder jenen meiner mittleren Tante, der Frau von Mister Yusuf (Jawahar Nisha), dann war Burno eigentlich ganz okay.

Stimmen dringen zu mir in die VIP-Zone hoch. Ich erkläre meine Zimmerstunde eigenmächtig für beendet und gehe nach unten. Babus jüngste Tochter, die auf dem Boden sitzend Hausaufgaben löst, klappt eilends ihr Buch zu, die Mutter rennt in die Küche, Tante Kamarunisa fährt aus ihrem Mittagsschlaf hoch und zeigt eindringlich auf einen Plastikstuhl. Irgendwann werde ich meinen Verwandten beibringen müssen, dass exzessives Sitzen Gift für meine Bandscheiben ist. Und dass die Töchter nicht jedes Mal ihre Schulaufgaben einzustellen brauchen, wenn Onkel Burno die Stube betritt. Aber jetzt ist nicht der Moment. Meine Tante redet auf mich ein. Ab und zu streckt sie die Hände theatralisch in die Höhe und schüttelt den Kopf. Sie will mir etwas mitteilen. Aber was? Natürlich das: Nein, Silvia konnte leider nicht mitkommen. Aber beim nächsten Mal wird sie bestimmt wieder dabei sein. Wie? Ja, selbstverständlich mit Baby.

Meine Tante, die wider Erwarten ein paar wenige Brocken Englisch spricht, insistiert:

«*Next time, baby!*»

«Mit Baby, versprochen.»

«*Two!*»

«Schaun wir mal.»

Babu betritt das Wohnzimmer, Handy am Ohr. Er war auf einem Rundgang durch das Dorf, um die Hochzeitseinladungen zu verteilen. In den kommenden Tagen wird er die Tour öfters wiederholen müssen, denn das Protokoll verlangt, dass jede Einladung persönlich überreicht wird. Ich frage ihn, wie viele Gäste er erwarte.

«Zwischen 1000 und 1200.»

«Ich habe nicht richtig verstanden, Babu.»

«Maximal 1200.»

«Du meinst: 120.»

«Eins-zwei-null-null.»

Ich erzähle, dass Silvia und ich unsere Vermählung mit achtzig Leuten gefeiert hätten, was ziemlich viel sei. Allgemeine Heiterkeit.

Früher, sagt Babu, habe ein Hochzeitsfest drei Tage gedauert, «heute zum Glück bloß noch einen halben». Höhepunkt der Feier ist ein gigantisches Mittagsmahl in einer vornehmlich für solche Anlässe verwendeten Festhalle in Eral, der benachbarten Kleinstadt, aus der die Familie des Bräutigams stammt. Mit dem Catering wurde die Firma Biryani-King betraut, ein auf Hochzeiten spezialisierter Betrieb aus Madras – «der beste in ganz Tamil Nadu», wie Babu beteuert. Aufgetischt wird natürlich Biryani, ein Reiseintopf. Weil es unter gar keinen Umständen zu wenig zu essen geben darf und man nie weiß, ob vielleicht doch mehr Leute als erwartet aufkreuzen, hat Babu die Köche angewiesen, großzügig zu kalkulieren: Sie werden 275 Kilogramm Lammfleisch und 125 Kilogramm Reis zubereiten.

Die meisten Gäste sind aus der Umgebung und reisen für den Tag an. Die Familie von Nowrose wird knapp eine Woche in Srivaikuntam verbringen und bei meiner Tante Nummer drei wohnen, der Mutter des verfemten Nizars. Für das Dutzend Gäste aus Sri Lanka hat Babu ein leerstehendes Haus an der Middle Street gemietet. Dorthin, so stellt sich heraus, ist auch mein Lieblingssofa entschwunden. «Keinerlei Geldforderungen!», sagt er unvermittelt und fuchtelt mit den Händen. Die

Familie des Bräutigams habe auf eine Mitgift verzichtet, obwohl bis zu 50 000 Rupien üblich seien. Lediglich 320 Gramm Goldschmuck werde man übergeben. Babu holt eine Schatulle aus dem Schrank und legt Ketten, Armreife und Halsbänder auf den Tisch.

Alles in allem wird ihn die Vermählung der Tochter 200 000 Rupien kosten, was gut zwei Jahreslöhnen entspricht. Die Hochzeit selbst bezeichnet er als «ganz normal arrangiert». Der Bräutigam ist Lebensmitteltechniker, arbeitet in Dubai und sieht seine Familie, wie die meisten Gastarbeiter, nur ein- bis zweimal pro Jahr. Nur die wenigsten können es sich leisten, Frau und Kind aus Indien mitzunehmen. Die Mutter des Bräutigams ist eine Cousine von Babu. «Ist das nicht wunderbar, wie sich der Kreis schließt?», sagt er. Als ich frage, ob denn seine Tochter wisse, wer ihr Künftiger sei, blickt er mich mit der Nachsicht eines Vaters an, dessen kleiner Sohn soeben etwas rührend Naives gesagt hat. «Aber sicher natürlich! Wo denkst du hin! Wir leben doch nicht mehr in der Steinzeit. Sie hat ihn sogar schon gesehen.»

«Gesehen?»

«Einmal, ja.»

«War sie zufrieden?»

«Aber sicher natürlich! Weißt du, Bruno, die Zeiten ändern sich. Heutzutage sind die Frauen selbstbewusst und wissen genau, was sie wollen.»

Nachdem ich an meinem ersten Abend in Srivaikuntam um 20 Uhr 45 zu Bett gegangen bin und dieses erst elf Stunden später wieder verlassen habe, darf ich mich als ausgeschlafen bezeichnen. Um acht Uhr bringt mir eine der Töchter eine Tasse Chai aufs Zimmer. Danach geht es hinunter zum Frühstück: Chickencurry mit Idiyappams (Reisküchlein), dazu ein wenig Gemüse und ein klein bisschen Fisch. Zubereitet wurde das Frühstück von meiner Tante Nummer vier, Yusufs Frau, die mir von der Familie für die Dauer meines Aufenthalts als eine Art Privatköchin zur Verfügung gestellt wird. Babus Begründung hierfür erfordert keinen Dialog der Kulturen: «Viele Köche verderben den Brei.» Meine Tante ergänzt: «Du bist zu dünn, Burno.»

Nach dem Frühstück übergibt mir Babu eine Toilettenrolle. Seine Haltung hat etwas Feierliches. Als sei er FIFA-Präsident Josef Blatter, der dem Kapitän der siegreichen Mannschaft den WM-Pokal in die Hand drückt. «Ich hoffe, dies ist das richtige Produkt. Meine Tochter hat es in Tirunelveli erworben.» – «Du hast sie wegen einer Rolle Klopapier nach Tirunelveli geschickt?» – «In Srivaikuntam gibt es so etwas nicht zu kaufen», antwortet er leicht pikiert. Natürlich habe ich sofort ein schlechtes Gewissen. Zudem werden ungute Erinnerungen an die Stehtoilette wach, die erneut meiner Benutzung harrt und beim letzten Mal den Goldring verschluckte, der mir in Madras von meinen Cousins geschenkt worden war.

Der Nachmittag ist einem wichtigen Geschäft gewidmet: der Übergabe der Schecks an meine Tanten. Da ich hier wochenlang durchgefüttert werde und man mich nicht einmal eine Salbe gegen Mückenstiche selbst bezahlen lässt, habe ich vor der Reise Geld auf das Konto von Mister Yusuf überwiesen. Nun sitzt er bei mir in der VIP-Zone und stellt fünf Schecks aus, für jede Tante einen. Immer wenn er mit einem durch ist, reicht er ihn Babu zur Kontrolle weiter. Ich bilde mir ein, seine Gestik habe etwas Herausforderndes. Könnte es sein, dass sich die beiden nicht sonderlich mögen? Vielleicht, vielleicht auch nicht. Noch immer reichen meine Kenntnisse der Verhältnisse nicht aus, um solche Feinheiten beurteilen zu können. Ehrlich gesagt bin ich auch nicht sonderlich darauf erpicht, die diversen Animositäten, Rivalitäten und Allianzen zu durchschauen, die es hier wie in jeder Gemeinschaft zu geben scheint.

Tante Kamarunisa macht «Ooh!» und streicht mir über die Stirn, als ich ihr den Umschlag mit dem Scheck überreiche. Später wird sie sagen: «So viel gibt mir nicht mal mein eigener Sohn.» Mister Yusufs Frau, meine Privatköchin, lächelt verlegen und reicht das Kuvert an ihren Mann weiter. Nizars Mutter, die von allen Tanten wohl die ärmste ist, reißt den Umschlag sofort auf, um nachzusehen, wie hoch die Summe ist. Die Mutter von Nowrose wird «Thank you» schluchzen, als sie ihren Anteil am Tag ihrer Ankunft aus Madras erhält. Und die alte Ummul, die bei meinem ersten Besuch deklariert hatte, sie sei jetzt meine Mutter, *auntie* Ummul steckt sich den Scheck achtlos in den Sari, verwirft die Hände und brabbelt scheinbar ärgerlich vor sich hin.

«Was hat sie gesagt, Babu?» – «Dass sie alt ist und bald sterben wird. Dass Geld sie nicht interessiert. Dein Besuch ist das Einzige, was zählt.» Der Empfang in Tante Ummuls Haus entspricht eher dem, was ich bisher aus Srivaikuntam gewohnt war: viele neugierige Männer, viele, viele lachende Frauen, viele, viele, viele Kinder und ein Tisch, auf dem sich Esswaren stapeln. Ein Mann mittleren Alters, der optisch etwas aus dem Rahmen fällt, streckt mir die Hand hin. Er trägt einen Schnurrbart, was hier selten ist, zudem schwere Schuhe und eine leichtgefütterte Jacke. Okay, auch in Srivaikuntam ist Winterzeit. Die Temperaturen sinken nachts auf unter 20, manchmal sogar auf 16, 17 Grad; sowohl Babus Mutter als auch meine Köchin haben sich einen Husten eingefangen. Aber eine gefütterte Jacke? Dann erkenne ich ihn wieder: Es ist Anwar, der Wildhüter aus Madurai, dessen Sohn an einer Hirnhautentzündung gestorben ist. Babu sagt: «Das ist Anwar. Sein einziger Sohn …» – «Ich weiß, Babu.» – «Er hat sich auf einen Posten in Tirunelveli versetzen lassen und lebt jetzt wieder in unserem Dorf.» Neben ihm steht seine Frau. Beim letzten Mal, als Silvia und ich die beiden in ihrer Waldhütte besucht hatten, war ihr Gesicht von unvernarbter Trauer gezeichnet. Jetzt ist es grau und erloschen.

Der Türvorhang teilt sich, und der Dorfpolizist betritt das Zimmer. Wie fast alle hier drinnen, gehört der ungewöhnlich große Mann – er misst gut und gerne 1,78 Meter – zu Ummuls Familienzweig. Die Ausfahrten, auf denen er seine Dienstmarke zückte, und das überdimensionierte Polohemd, das er mir zum Abschied schenkte, sind mir in bester Erinnerung, weshalb ich mich über das Wiedersehen freue. Zudem werde ich von einer gewissen Sensationslust getrieben: Vor meiner Abreise bin ich im Internet auf einen Bericht des *Hindu* gestoßen, aus dem hervorging, dass sich in Srivaikuntam vor nicht allzu langer Zeit ein Dreifachmord ereignet hat. Und zwar auf der Brücke, die ins Dorf führt. Natürlich hoffe ich, von meinem Polizisten ein paar grausige Details zu dieser unglaublichen Tat zu erfahren.

Doch irgendwie scheint das Wiedersehen von einer gewissen Verkrampfung geprägt. Sein Lächeln wirkt gezwungen, seine Haltung hat etwas Abwartendes. Auch die Laune von *auntie* Ummul war schon besser. Und was ihr wohl der Förster mitzuteilen hat, der grimmig auf sie einredet? Manchmal glaube ich, Babus Namen aufzuschnappen. Dieser hat den Raum wieder verlassen und ist zu einer seiner Touren aufgebrochen, um die restlichen Hochzeitseinladungen zu verteilen. Aus dem Fernsehgerät plärrt eine tamilische Seifenoper, eine junge Mutter schaukelt ihr brüllendes Baby, alle reden auf einmal, es herrscht eine große Unruhe, nicht nur, was den Lärmpegel betrifft, und ich soll gleichzeitig essen, lächeln und mich mit Leuten unterhalten, die kaum Englisch sprechen.

Ummuls älteste Tochter, eine Frau Mitte sechzig, will mir offenbar begreiflich machen, dass ich doch bitte Tamilisch lernen soll. Ich denke: Ja, sie hat recht. Einmal mehr verstehe ich nicht, was genau um mich herum abgeht. Gibt es Streit in der Familie? Ist das der Kalte Krieg, von dem Nowrose gesprochen hat? Waren deswegen bei meiner Ankunft in Babus Haus so wenig Leute anwesend? Meine Verwandten, wie auch das Land, in dem sie leben, bleiben für mich ein gigantisches Sudoku: Ich kann knobeln, grübeln, mutmaßen, kombinieren und komme doch nie ans Ziel. Immer, wenn man glaubt, die Antwort gefunden zu haben, taucht das nächste Rätsel auf. Mich direkt mit meinen Tanten unterhalten zu können, würde den Grad meiner Wirrsal wenigstens etwas mindern.

Ich sehne mich nach meiner VIP-Zone und ein bisschen Ruhe. Unter dem Vorwand, dass ich an meinem Buch arbeiten müsse, verabschiede ich mich. Zu Tante Ummul sage ich: «Ich komme dich jeden Tag besuchen, solange ich hier bin. Versprochen.» – «*Every day*», wiederholt sie. «Du sprichst ja Englisch! Das hast du mir gar nie erzählt, *auntie*.» Jetzt strahlt sie wie ein Lausemädchen nach einem gelungenen Streich. Sie winkt den Dorfpolizisten zu sich und lässt ihn übersetzen: «Ich bin doch acht Jahre zur Schule gegangen.»

Den Abend verbringe ich plaudernderweise in Babus Wohnzimmer. Eine breite Palette von Themen kommt zur Sprache, zum Beispiel die Vor- und Nachteile gefliester Böden. Zur «aktuellen politischen Lage» in meiner Heimat befragt, antworte ich, dass derzeit ein heftiger Regierungsstreit tobe. Babu: «Aha, dasselbe Theater wie bei uns.» Zum Zustand des Schulwesens in Indien meint er: «Aus meiner Sicht als Lehrer sind die Prüfungen stereotyp geworden und erfordern kein vertieftes Wissen mehr, wenn du mir die Bemerkung erlaubst.» Ferner erfahre ich, dass die Stadt Tirunelveli im ganzen Land für ihr ausgezeichnetes Halva bekannt ist. Unschlagbar ist das Halva aus dem *Dark Shop*. Dieser verdankt seinen Namen dem Umstand, dass er immer erst nach Sonnenuntergang öffnet. Das legendäre Geschäft wurde sogar schon in tamilischen Popliedern besungen, so deliziös ist seine Ware. Zur Veranschaulichung wird mir ein pfirsichgroßes Stück gereicht. Es handelt sich um die dritte Nachspeise. «Halva gleich Tirunelveli», resümiert Babu, während ich von der tatsächlich sehr leckeren Kalorienatombombe koste.

In Zürich habe ich mit der Handykamera eine Videobotschaft von Silvia aufgenommen: «*Hello*, alle zusammen. Wie schade, dass ich nicht bei euch sein kann. Meine Wünsche gehen zuallererst an Brunos Tanten. Ich grüße aber auch Babu, Nowrose, Mister Yusuf, die Braut …» Und so weiter. Selbst an die Goldkette haben wir gedacht. Leider ist diese auf dem Zwergenmonitor nicht zu sehen. Und zu hören ist auch kaum etwas. Ich beschließe, nach meiner Rückkehr ein besseres Handy zu kaufen. Die erbärmliche Aufnahmequalität hindert Tante Kamarunisa und Mister Yusufs Frau nicht daran, vor Begeisterung zu kreischen, als seien sie Teenager auf einem Konzert von Tokio Hotel. Und Babu behauptet, er verstehe jedes

Wort. «Man merkt, dass Silvia gewohnt ist, vor vielen Leuten zu reden. Sie spricht so wunderbar klar!»

«Du meinst, im Gegensatz zu mir.»

«Genau.»

Um halb zehn bin ich todmüde und ziehe mich in die VIP-Zone zurück. Die mittlere Tochter, die ganz anders als ihre scheuen Schwestern ist und nicht einmal davor zurückschreckt, ihren Vater – wenn der wieder mal einen ausgewachsenen Blödsinn von sich gibt – so schnippisch in die Schranken zu weisen, als sei nicht *sie* achtzehn, sondern er, die forsche Ashika ruft mir «*Sweet dreams*» hinterher. Und hat sie es nicht mit einem leichten amerikanischen Akzent gesagt? Während ich die stromausfallfreie Phase für etwas Bettlektüre nutze, scheppert Silvias Stimme aus dem Wohnzimmer. «Meine Wünsche gehen zuallererst ...» Immer wieder. Irgendwann werde ich von der Grußbotschaft meiner Frau in den Schlaf gelullt.

«*Chicken?*»

«Weißt du, *auntie*, ich brauche nicht unbedingt jeden Tag Fleisch zum Frühstück.»

«Okay, *Chicken*.»

«Und ein Glas Mineralwasser, bitte.»

Während unsereins bei Tisch gleichzeitig isst, trinkt und redet, machen meine Verwandten alles hintereinander: 1. essen und schweigen, 2. Hände waschen, 3. ein Glas Wasser exen, 4. weiterreden. Deswegen geht ab und zu vergessen, Burno ein Getränk zu seinem Curry zu servieren. Ich nehme einen Schluck und spucke gleich wieder aus. Das Wasser ist warm wie eine Bettflasche. Ausnahmsweise verstehe ich sofort: Da das Kratzen in meinem Hals wieder schlimmer geworden ist, habe ich gestern Abend ein Erkältungsmittel zu mir genommen. Und zu diesem Zweck um eine Tasse heißes Wasser gebeten. Meine Gastgeber haben daraus geschlossen, dass ich die Getränke generell dreißig bis vierzig Grad warm mag. Im Verlauf der nächsten Tage wird mir auch in den umliegenden Häusern aufgewärmtes Wasser gereicht. Bis nach Tirunelveli dringt die Kunde von den ungewöhnlichen Trinkgewohnheiten des Verwandten aus *Swiserlend*. Es verhält sich wie mit Zeitungsenten: Einmal in die Welt gesetzt, sind sie kaum totzukriegen.

Heute wollen Babu und ich zum St. Xavier's College fahren, einer Jesuitenschule in Palayamkottai, der Nachbarstadt Tirunelvelis. Es ist der Ort, an dem mein Vater sein Abitur machte. Wir waren am Tag meiner Ankunft an der Schule vorbeigekommen, und Babu hatte beiläufig gesagt: «Schau, dein Vater war hier.» Ich war mir augenblicklich sicher, dass die Information stimmte, mein Vater also nicht am Loyola College gewesen war. Mehrere Monate später sollte die endgültige Bestätigung folgen: «1941–1943 St. Xavier's College, Palayamkottai» war auf seiner Studentenkarte vermerkt, die ich im Frühjahr des folgenden Jahres doch noch aus London zugestellt erhielt. Würde Babus E-Mail-Beantwortungsquote nicht derart zu wünschen übriglassen, müsste ich mich jetzt ärgern, dass ich vor meiner Abreise nicht ganz einfach ihn gefragt habe, statt selbst herumzurecherchieren. So hätte ich mir viel Mühe ersparen können. Andererseits: Dank des Irrtums applaudierten mir in Madras über hundert ergraute Alumni und Alumnae, unter ihnen der Chefsekretär der Regierung Tamil Nadus, Mister Sripathi. Wer kann das schon von sich behaupten?

«Hast du bemerkt, dass sie die Straße ausgebessert haben?», sagt Babu, kurz bevor wir durch ein Schlagloch fahren und ich mit dem Kopf gegen das Autodach krache. Bald werde auch die Brücke saniert, ergänzt er. «Ihre Lebensdauer ist abgelaufen, haben die Ingenieure herausgefunden.»

«Redest du von der Brücke, die wir jeden Tag überqueren?»

«*No problem.*»

Etwas außerhalb von Srivaikuntam biegen wir in eine von Palmen überwucherte Naturstraße. Ein gefährlich hungrig aussehender Köter tippelt hinter unserem Wagen her. Am Ende der Straße befindet sich eine herausgeputzte Bahnstation, und wir steigen aus. Ich schiele nervös auf den Köter und sage: «Die Angst vor Hunden habe ich wohl von meinem Vater geerbt.»

«So ist es. Vollständig renoviert.»

«Bitte?»

«Unser Bahnhof.»

«Er wurde renoviert?»

«Korrekt. Alles neu gebaut.»

Während seiner Zeit am College sei mein Vater von hier aus sechsmal die Woche mit der Dampflok nach Tirunelveli gefahren. Eine Stunde hin, eine zurück, dazu von beiden Stationen je ein halbstündiger Fußmarsch. Damals sei der Zug nur einmal am Tag gefahren, heute dreimal. Seit der letzten Preiserhöhung koste die Fahrt fünf Rupien, sieben Cent.

Wir schaffen es ohne Bisswunden zurück zum Auto und fahren los. Babu erhascht einen Blick auf meinen Notizblock und fragt, ob das Steno sei. «Nein, ich bin Linkshänder und wurde von meiner ersten Lehrerin genötigt, mit der rechten Hand zu schreiben. Sie hieß Fräulein Kovacic.» Babu macht auf Pädagogen-Solidarität und verweigert mir einen mitfühlenden Kommentar. Stattdessen muntert er mich mit dem Hinweis auf, dass Linkshänder «beim Kricket im besonderen

Maße zu glänzen vermögen, da der Drall, den sie dem Ball geben, für jeden *Batsman* eine Herausforderung darstellt».

Ich wusste nicht, dass sich Babu etwas aus Sport macht, und will ihn auf den sensationellen Sieg des indischen Kricket-Teams gegen die Engländer ansprechen. Während meines Aufenthalts in Madras verdrängte der Triumph sogar die Terroranschläge aus den Fernsehnachrichten und bescherte mir eine von ekstatischem Gehupe vertonte Nachtruhe. Doch alles, was ich herausbringe, ist ein kleiner Japser. Etwa so, wie wenn man einem Dackel versehentlich aufs Pfötchen tritt. Ein Lastwagen kommt um die Kurve, nein, nicht gefahren, sondern geschleudert. Ich habe gerade noch Zeit, die Inschrift über der Fahrerkabine zu lesen, bevor ich die Augen schließe und auf den Aufprall warte. Über der Kabine steht: «Jesus rettet dich.»

Da nichts weiter geschieht, außer dass unser Fahrer auf die Bremse tritt und leise vor sich hin flucht, öffne ich die Augen wieder. Für jene, die davonkommen, bedeutet der Straßenverkehr in diesem Land eine unablässige Aneinanderreihung von kleinen Happy Ends. Babu sagt: «Du interessierst dich vermutlich mehr für Fußball als für Kricket, nicht wahr?»

Die Stadt Palayamkottai, die durch einen Fluss vom benachbarten Tirunelveli getrennt ist, wird in Indien wegen ihrer vielen guten Schulen und Universitäten als «Oxford des Südens» bezeichnet. Das 1923 gegründete St. Xavier's College gehört dabei zu den angesehensten Institutionen der Bildungsmetropole. Diese Informationen können mich mehr oder weniger über die Tatsache hinwegtrösten, dass mein Vater nicht am Loyola College war, der unangefochtenen Nummer eins im Bundesstaat. Tatsächlich erinnert hier so manches an die berühmte Schwesterschule: Palazzo, Palmen, Park, heitere tamilische

Studenten. Sogar der weißberobte Rektor ähnelt in Gestik und Habitus seinem Amtskollegen aus Madras.

Father, Guindy, London, Imperial, doctorate. Obwohl ich mich eigentlich direkt mit dem Rektor auf Englisch unterhalten könnte, führt Babu den ersten Teil des Interviews gleich selbst. Er informiert ihn über mein Buchprojekt, meinen beruflichen Hintergrund sowie meine verwandtschaftlichen Bande zu Indien, und er umreißt die aus seiner Sicht wichtigsten Fragen. «Babu, könnte ich …» Der Rektor sitzt derweil absolut reglos auf seinem Stuhl. Nichts deutet darauf hin, dass er noch vor zwei Minuten den Studenten, der vor mir an der Reihe war, aufs schärfste zusammengestaucht hat. Weil er dies in einer Mischung aus Tamil und Englisch getan hat, weiß ich wieso: Der Student hat während der Unterrichtszeit Fotos mit seiner Handykamera gemacht und ist dabei ertappt worden.

«Dies», sagte der Rektor mit schneidender Stimme, «ist ein sehr schweres Vergehen.» Das Verdikt: Konfiszierung des Mobiltelefons bis zum Ende des Semesters. Ende der Diskussion und auf Wiedersehen. Ich muss an die Worte seines Kollegen aus Madras denken, der mir ungefragt erzählte, dass die Jesuitenschulen «nur am Rande» von den 68er-Unruhen betroffen gewesen seien. Er führte dies darauf zurück, dass die Patres den Unterricht nicht nur auf das Bestehen von Prüfungen ausrichten würden, sondern «großen Wert auf die charakterliche, spirituelle und soziale Erziehung der Studenten» legten. Wer solche Schulen hat, braucht keine Supernannys mehr.

Ich frage den Rektor, ob man in der Vergangenheit versucht habe, die nichtchristlichen Studenten zu konvertieren. «Nein», antwortet er. «Nein», echot Babu. «Ich war ja selbst hier.» Das hätte er mir auch vorher sagen können, denke ich genervt, sehe aber sofort ein, dass mein Unmut unangebracht ist: Dieser Mann hat nur noch wenige Tage Zeit, ein Hochzeitsfest für eintausendzweihundert Personen zu organisieren. Trotzdem fährt er stundenlang mit mir in der Gegend herum. Es gebe fundamentalistische Hinduparteien, fährt der Rektor fort, die den Hass zwischen den Religionen anstachelten und die immer wieder die Mär in die Welt setzten, an diesem College würden Studenten bekehrt. «Diese Leute machen dasselbe wie Hitler in Deutschland. Damals hieß es: Juden raus. Bei uns schreien sie: Christen raus, Moslems raus.»

Ich möchte nicht schon wieder über Hitler reden und wechsle das Thema. Ich zeige dem Rektor die Urkunde, aus der hervorgeht, dass mein Vater sein Abitur mit Bestnote abschloss. Wie diese Leistung einzuschätzen sei, frage ich. Früher, antwortet er tonlos, seien die Prüfungsresultate für ganz Südindien zentral in Madras ausgewertet worden. «Ihr Vater hat sich also gegen ziemlich viel Konkurrenz behauptet.» Dann drückt er mir die Fotokopie eines auf Tamilisch verfassten Aufsatzes in die Hand. Nur Quelle und Autor sind in lateinischen Buchstaben gedruckt: *St. Xavier's Magazine März 1943 / Von V.M.S. Ziauddin.*

Mittlerweile hat sich der Student, der als Nächstes dran ist, neben mich gesetzt, der Sekretär legt dem Rektor eine Unterschriftenmappe aufs Pult, ein älterer Mann platzt herein und übergibt ein großes, buntverpacktes Geschenk. «*Merry Christmas,* Pater», «*Merry Christmas,* Pater», sagt er immer wieder. Alles deutet darauf hin, dass unsere Zeit hier drinnen abgelaufen ist. Ich schließe mich den verfrühten Weihnachtswünschen an und trete mit Babu ins Freie. Seine Blitzübersetzung ergibt, dass mein Vater in dem Text eine indische Fabel nacherzählt:

Der Sohn des Königs überrollt mit seiner Kutsche ein Kälbchen. Ohne sich um das sterbende Tier zu kümmern, fährt er weiter. Die verzweifelte Kuhmutter sucht den König auf, berichtet ihm, was geschehen ist, und bittet um Wiedergutmachung. Daraufhin verfügt der Regent, seinen eigenen Sohn ebenfalls von einer Kutsche überfahren zu lassen. Einen solch ausgeprägten Gerechtigkeitssinn, so die Schlussbemerkung meines Vaters, suche man bei den Herrschern von heute vergebens.

Mein Vater war achtzehn, als er das schrieb, die Spitze richtete sich fast sicher gegen die britische Kolonialmacht. Kurze Zeit später sollte er sein Dorf und die geliebte Mutter verlassen. Er ließ sich zum ersten Mal in seinem Leben in einer Großstadt nieder, erlebte im Oktober 1943 einen japanischen Bombenangriff auf Madras (im Gegensatz zum Ersten Weltkrieg war der Zweite tatsächlich eine weltweit geführte militärische Auseinandersetzung). Er fand an der Uni neue Freunde, die sich anders kleideten, anders auftraten, hehre politische Ideen diskutierten und den Mädchen nachschielten, er hörte Mahatma Gandhi reden und feierte mit Hunderttausenden die Unabhängigkeit Indiens … Gut möglich, dass sich die Aufregung jener Zeit auf seine Leistungen am Guindy College niederschlug, die ja laut seinem greisen Freund bloß Durchschnitt gewesen waren. Ich jedenfalls hätte meinem davor und danach stets so gewissenhaften Vater ein paar Jahre gegönnt, in denen er nicht ganz so streng mit sich war.

Father, Guindy, London, Imperial, doctorate. Auf unserem Rundgang durch den Campus stellt mich Babu allen möglichen Leuten vor, zeigt mir Bibliothek, Mensa, Hörsäle. Irgendwann landen wir mitten in der Aufführung eines Studententheaters.

Die Stimmung unter den Zuschauern ist jugendlich-über-dreht. Es wird gejohlt, geklatscht, gekreischt und gepfiffen. Von links betritt ein schlaksiger Bursche mit überaus gewinnendem Lächeln die Bühne und sagt: «Heute werde ich sie fragen!» Publikum: «Jaaaaa!» Von rechts stolziert ein hübsches Mädchen auf ihn zu und näselt missmutig: «Was will denn der schon wieder?» Publikum: «Buuuuuh!» Der schlaksige Bursche strahlt das Mädchen an und säuselt: «Möchtest du mich heiraten?» Sie: «Nie im Leben! Du bist viel zu dunkel für mich.» Ekstatisches Gelächter im Saal.

Später wird mir Babu erzählen, dass er als kleiner Junge seinen Vater einmal gefragt hat, wieso er nicht eine Frau mit hellerer Haut ausgesucht habe. Mir wird endlich aufgehen, was mich an den offiziellen Vermählungsporträts und Familienfotos irritiert, die mir meine Verwandten zuhauf zeigen: Die Gesichter sind alle künstlich aufgehellt. An einem der folgenden Abende werde ich erleben, wie Babu in einem überdrehten Moment seine jüngste Tochter liebevoll neckend als seine *«dark lady»* bezeichnet. Und wie sie, die tatsächlich etwas dunkler als ihre Schwestern ist, in Tränen ausbricht und tief gekränkt aus dem Zimmer stürmt. Ich werde mich daran erinnern, was die Brasilianer sagen, wenn ein Schwarzer mit einer Weißen ein Kind zeugt: «Melhorar a raça.» Die Rasse ausbessern. Ob es am Ende gar einfacher war, in Europa dunkelhäutig zu sein als anderswo auf der Welt?

In der Nacht setzt anhaltender Regen ein. In den folgenden Tagen verwandeln sich die Straßen von Srivaikuntam in kleine Sumpflandschaften, und ich verbringe die meiste Zeit auf meinem Zimmer. Babu bekomme ich nur selten zu Gesicht, da er fast unentwegt mit Hochzeitsvorbereitungen beschäftigt ist. Einmal kehrt er nach Sonnenuntergang mit einer gigantischen Bananenstaude heim, die für einen zeremoniellen Hausbesuch beim Bräutigam benötigt wird. Ein andermal fährt er nach Tirunelveli, um sich mit Arbeitern zu besprechen, die über der Big Mosque Street ein festlich geschmücktes Zeltdach spannen sollen. Und wenn er mal im Haus ist, dann redet er meist hektisch in sein Mobiltelefon. Auf meine Frage, ob ich ihm bei etwas behilflich sein könne, antwortet er: «*No problem. You take rest.*»

Schlafen, gefüttert werden, verdauen, lesen: Ich gewöhne mich an diesen selten energiesparenden Daseinsmodus, wie ihn sonst wahrscheinlich nur noch Kleinkinder und Faultiere pflegen. Die Momente, in denen Babu etwas entspannter wirkt, nutze ich erbarmungslos aus, um ihn als Dolmetscher für meine Tanten-Interviews einzuspannen. Die Gespräche laufen meist etwa so ab:

«Könntest du *auntie* fragen, ob sie oft an meinen Vater denkt?»

«Sicher tut sie das.»

«Du hast sie ja gar nicht gefragt.»

«Ich weiß, dass sie an ihn denkt.»

«Ich möchte es aber von ihr hören, Babu.»

«Okay …»

Es folgt ein Monolog meiner Tante auf Tamilisch. Erste Zuhörer mischen sich ein. Der Lärmpegel steigt. Bald reden alle Anwesenden durcheinander. Babu quittiert die Ausführungen mit zustimmendem Murmeln, ärgerlichem Kopfschütteln oder einer ungeduldigen Handbewegung. Irgendwann versiegt die Diskussion. Alle schweigen.

«Und?»

«Wie?»

«WAS HAT SIE GESAGT, BABU?»

«Okay. *No problem.*»

«Wie okay?»

«Sie denkt oft an ihren Bruder.»

«Das ist alles, was sie gesagt hat?»

«Im Prinzip ja.»

Bald muss ich einsehen, dass der Yogi in mir gefordert ist, wenn ich etwas aus meinen Tanten herausbringen will – nichts erzwingen, sich in Geduld üben, hellhörig bleiben für beiläufig gemachte Bemerkungen:

Er hat die ganze Zeit gelesen.

Er hat sogar auf der Toilette gelesen! (Allgemeine Heiterkeit.)

Wenn Kamarunisa zu lange draußen spielte, hat er sie gescholten. Mich hat er nicht gescholten. Ich war seine große Schwester.

Schon als Student hat er unserer Mutter Geld geschickt. Jeden Monat 300 Rupien.

Einmal hat er gesagt: Ich kann mir nicht einmal einen Haarschnitt leisten und sehe aus wie ein Beatle. Alles Geld, das ich verdiene, schicke ich euch.

Später hat er uns böse Briefe geschrieben, wir sollen nicht so viele Kinder in die Welt setzen. (Große Heiterkeit.)

Für seine Prüfungen hat er spätabends unter einer Straßenlaterne gelernt. Es gab ja damals keinen Strom.

Einmal in der Woche ging er zum Kaufmann, der in dem großen Bungalow wohnte. Dort las er den Hindu. *Sonst gab es ja nirgends im Dorf englischsprachige Zeitungen.*

Als mein Mann starb, kam er am nächsten Tag aus Pakistan

angereist. Er machte uns Vorwürfe, weil wir nicht sofort einen Arzt gerufen hatten. (Ummul)

Er hatte alle Schwestern gleich lieb. Aber manchmal hat er mich zur Seite genommen und ganz allein mit mir gesprochen. (Nizars Mutter)

Mutter sagte immer: Das einzig Gute, das euer Vater getan hat, war, seinen Sohn nach Europa zu schicken.

Mutter sagte immer: Ich besitze ein Juwel, und das ist mein Sohn.

Als er ihr mitteilte, er würde gerne eine Europäerin heiraten, sagte sie: Dank dir konnte ich jede meiner Töchter verheiraten. Nun heirate du, wen immer du willst.

Auntie Nicole war eine gute Wahl. Sie war so liebenswürdig!

Wir haben ihr beigebracht, wie man Appams macht.

Vor der Hochzeit hat er zu ihr gesagt: Wenn du mich heiratest, heiratest du meine Schwestern mit. Ich muss bis an mein Lebensende für sie sorgen.

Eine Inderin hätte sich niemals auf so etwas eingelassen.

Niemals!

Unmöglich!

Babu weiß zu ergänzen, dass mein Vater, als er bei einem seiner raren Besuche gefragt wurde, wieso er die Moschee nicht aufsuche und noch immer keinen Hadsch gemacht habe, kühl entgegnete: «Ich habe den Hadsch siebenfach gemacht.» – «Tatsächlich ist das eine sehr, sehr ausgezeichnete Antwort!», jubelt Babu. Schließlich dürfe die Pilgerfahrt nur antreten, wer daheim geregelte Verhältnisse hinterlasse. Zudem sei es «ein wahrlich gottgefälliges Werk», sieben Schwestern zur Heirat zu verhelfen.

Ich bin gleichzeitig beeindruckt und irritiert: Mein Vater

hatte, zumindest indirekt, seine Mutter um Erlaubnis gefragt, bevor er heiratete. Auch nahm er die aus der Tradition erwachsenden Pflichten gegenüber seinen Schwestern so konsequent wahr, als lebte er noch immer in ihrem Dorf. Und er wehrte sich gewissermaßen mit theologischen Argumenten, wenn jemand Zweifel äußerte, dass er ein braver Muslim sei. Es bestand eine erhebliche Diskrepanz zwischen diesem Bewusstsein für seine Herkunft, das er sich bewahrt hatte, und der Art, wie er sich mir und anderen gegenüber gab.

Es war ihm offenbar nicht möglich gewesen, Erinnerungen an sein erstes Leben mit mir oder sonst wem zu teilen. Bedauerlich daran ist weniger, dass ich deswegen in völliger Ignoranz über seine Heimat aufgewachsen bin. Die Freunde der Multikultur mögen dies als Mangel empfinden, ich kann es verkraften. Bedauerlich daran ist, dass mein Vater mir dadurch die Möglichkeit verbaut hat, ihn selbst besser zu verstehen. Und sich die Möglichkeit, in seinem neuen Leben besser verstanden zu werden.

Eines Abends buchstabiert mir Babu alle Namen der Geschwister meines Vaters. Eigentlich sind mir diese bereits von der Stammtafel bekannt, die er mir bei meinem ersten Besuch überreichte. Aber gut, so viel ist in Srivaikuntam auch nicht los, als dass ich es mir erlauben könnte, diese Form des Zeitvertreibs zu verschmähen. Immerhin komme ich so zu ein paar neuen Informationen. Zum Beispiel erfahre ich, dass Nizars Mutter von ihrem Ehemann verlassen wurde, als sie mit ihrem ersten Sohn schwanger war. Wenig später verstarb ihre Schwester Mahmoodha an einem bösartigen Geschwür. Also vermählte man die im Stich gelassene Mutter mit dem

Mann der Verstorbenen. Auf dass die beiden Eheleute nicht mehr allein zu sein bräuchten und ihre Kinder wieder zwei Eltern besäßen. Doch nach wenigen Jahren starb auch er, und meine vom Unglück verfolgte Tante war abermals auf sich allein gestellt. Seither führt sie ein Leben als Witwe, wie alle ihre Schwestern, mit Ausnahme meiner Privatköchin, der Frau von Mister Yusuf.

«So viel zu den insgesamt neun Kindern unserer Großmutter», beschließt Babu seinen Vortrag.

«Acht. Du meinst acht Kinder.»

«Neun.»

«Mein Vater hatte doch sieben Schwestern.»

«Korrekt. Sieben Schwestern und einen Bruder.»

Mein Herz geht schneller. Kann das wirklich sein? Von einem Bruder hat mein Vater überhaupt nie etwas erzählt. Ob dieser gar noch …

«Er ist seit vielen Jahren tot», sagt Babu, der meine Gedanken errät. Eigenartigerweise bin ich fast ein wenig erleichtert. Der Bruder, fährt Babu fort, sei das schwarze Schaf der Familie gewesen. Ein Strolch, ein kleiner Gauner, eine schlechte Person. Einmal habe er voller Stolz vorgeführt, wie er die Unterschrift meines Vaters fälschen könne. Mit den Männern haben meine Tanten offensichtlich Pech gehabt: Ehegatten, die ihre Frauen verließen oder früh verstarben. Ein Vater, der sich nach Sri Lanka absetzte. Ein jüngerer Bruder, der ein Taugenichts war … Kein Wunder, dass man hier meinen unverbrüchlich verlässlichen Vater als «Legende» (Babus forsche Tochter) verehrt oder als «Menschen für das Buch des Guinness» (ein entfernter Verwandter).

Das letzte Mal, als jemand von dem Bruder hörte, sagt Babu,

habe dieser in Colombo gelebt, in derselben Stadt wie mein Großvater. Ob die beiden Kontakt zueinander hielten, sei aber nicht bekannt.

«Gibt es ein Bild von ihm?»

«Kein Bild, nein.»

«Und von meinem Großvater?»

«Ich werde es suchen. Morgen.»

Roti, Idli, Appam, Appam spezial mit Ei, String Hopper, mariniertes Huhn, Hammelfleisch (sehr zart, nimm mehr!), Vermicelli, Blumenkohl, Kokos-Chutney, Äpfel, Bananen, eine traubenartige Frucht (gut für die Verdauung, nimm mehr!), Kuchen, Kekse. So weit mein Frühstück bei Anwar, dem Wildhüter, und seiner Frau. Dabei habe ich kaum Appetit. Zum Kratzen im Hals sind Kopfschmerzen hinzugekommen, weshalb ich gestern meinen täglichen Besuch bei Tante Ummul geschwänzt habe. Aber den heutigen Tag, den mit ihren Familienmitgliedern zu verbringen ich hoch und heilig versprochen habe, den kann ich nicht schwänzen. Sonst stachle ich bloß den Neid auf Babu an, der mich die ganze Zeit beherbergen darf.

Nach erledigter Vertilgungspflicht kehre ich unter einem Vorwand für eine zwanzigminütige Erholungspause in meine VIP-Zone zurück. Danach begebe ich mich umgehend zu Tante Ummuls Haus. Ganz allein. Sie lebt vierzig Meter von Babu entfernt, dennoch lässt man mich die Strecke nur in seltenen Fällen ohne Eskorte zurücklegen. Als ich den Türvorhang zur Seite schiebe, eilt sie auf mich zu, nimmt meine Hand und hält einen Vortrag. Was sagt sie? Einer der Schwiegersöhne übersetzt: «Warum gestern nicht kommen?» Ich erkläre, dass ich mich unwohl gefühlt hätte. Krank. Erkältung. Schmerz. Kopf.

No good. Er antwortet: «Nächstes Mal, du wohnst bei uns. Wir bauen westliche Toilette.» Es klingt beinahe entschuldigend. Ich muss an Ahmad denken, den jungen gebildeten Iraner, den ich vor ein paar Jahren in Teheran kennengelernt habe. Wie nahezu alle jungen gebildeten Iraner wird er sich früher oder später in den Westen absetzen. Das Einzige, wovor er sich fürchtet, sind die ekligen Toiletten, die es dort gibt. Wie nur kann man sich auf eine Schüssel setzen, auf der zuvor schon Hunderte entblößter Hintern gesessen haben?

Ich bekomme Chai und Gebäck serviert, während in der Küche ein Festmahl zubereitet wird. Ummul zeigt mir einen Brief, den sie von meinem Vater bekommen hat. Der Brief ist auf Tamil geschrieben – mittlerweile keine Überraschung mehr für mich. «Ich brauche pro Zeile eine Stunde», habe er einmal gesagt, wird mir Mister Yusuf auf der Fahrt zum Hochzeitsfest erzählen. Aber jetzt ist Mister Yusuf nicht hier. Und Babu auch nicht. Ebenso wenig Nowrose, die ich in den letzten Tagen des Öfteren vermisst habe. Darum kann mir niemand erklären, was mir Ummul mit dem Brief sagen möchte. Und wieso sie mir die Fotografie von mir und meinen Eltern schenken will, die ich ihr doch selbst geschickt habe. Auch ist mir unklar, wie ich den Leuten hier drinnen verständlich machen kann, dass es mir nicht möglich ist, schon wieder zu essen.

«*Auntie* möchte, dass du ihr regelmäßig schreibst.» Ein Mädchen von etwa zwölf Jahren tritt aus dem Halbdunkel und stellt sich schüchtern neben mich. «Du sprichst Englisch?» – «Ein wenig.» – «Und Tante Ummul ist deine Großmutter?» – «Nein, meine Urgroßmutter.» Ich wende mich an alle Anwesenden und sage: «Dieses Mädchen. Englisch. *Very good!*» Ein «Ah» und «Oh» geht durch den Raum, die jüngeren Frauen kichern, die Männer nicken. Sie selbst verharrt mit weit aufgerissenen Augen neben mir, in konzentrierter Erwartung des nächsten Satzes, den es zu übersetzen gilt. Später erfahre ich, dass es sich um jenes Mädchen handelt, das seinen Vater bei einem Autounfall verloren hat. Sie sei sehr klug und besuche eine gute Schule in Palayamkottai. Ich frage, ob sie die Köchin bitten könne, mit dem Mittagessen noch ein wenig zu warten. «Ich bin nämlich noch immer satt von dem wunderbaren Frühstück, das mir im Haus von Anwar aufgetischt worden ist.» Kurze Zeit später wird mein Teller abgeräumt. Ich lächle dem Mädchen zu und sage: «Du hast etwas gut bei mir.»

«*Ti? Ti?*», fragt Tante Kamarunisa aufgeregt, als ich zurückkehre. «Nein danke, *auntie*. Ich gehe gleich hoch. Ich muss mich ausruhen.» Da außer ihr niemand zu Hause ist, lässt sie mich widerstandslos ziehen. Auf meinem Bett liegen ein gerahmtes Foto und ein Zeitungsartikel. Unter dem Foto steht: *V. M. Shamsudeen, 05/01/1900 bis 1967.* Dasselbe Datum ist auf dem in Ghana ausgestellten Trauschein meiner Eltern vermerkt. Es ist das Geburtsdatum meines Großvaters. Markante Gesichtszüge, sorgfältig gestutzter Schnurrbart, wacher Blick, heller Anzug, dunkle Filzkappe mit Quaste: Das Bild zeigt einen gutaussehenden, eitlen und fraglos intelligenten Mann, der um seine Wirkung weiß. Eine faszinierende Person, so viel steht fest. Auch der ganzseitige Artikel enthält die Aufnahme eines Mannes mit Filzkappe. Handelt es sich ebenfalls um meinen Großvater? Doch wieso sollte eine Zeitung einem Buchhalter aus Srivaikuntam einen ausführlichen Artikel widmen?

Ich will mir die Zeit bis zu Babus Rückkehr an seinem altertümlichen Computer vertreiben. Strom ist ausnahmsweise da. Aber die Internetverbindung kommt nicht zustande. Nach einigem Zögern frage ich die forsche Tochter um Hilfe. Beim letzten Mal, als das Gerät zickte, hat sie es kurzerhand aufgeschraubt – ohne es vorher auszuschalten. Ich rief entsetzt «Vorsicht!» und riss den Stecker aus der Dose. «*No problem*», murmelte sie bloß und schraubte weiter. «Java-Fehler», sagt sie diesmal. Nach ein paar Handgriffen ist das Problem behoben, und ich denke: Natürlich, es ist hinlänglich bekannt, dass sich die Jugend mit Computern auskennt. Aber selbst in Srivaikuntam?

Eine Stunde später klopft es an die Tür. «Horings?» – «Nein danke, Babu, ich hatte soeben eine Tasse Tee.» Ja, sagt er, der Zeitungsartikel handle tatsächlich von meinem Großvater. Dieser habe in Colombo eine Anstellung als Rechnungsprüfer gehabt, daneben jedoch als Redakteur für eine Kulturzeitschrift gearbeitet, Gedichte geschrieben und sich religiösen und politischen Themen gewidmet. So gehe aus dem Beitrag hervor, dass er in den vierziger Jahren die tamilischen Muslime in diversen Aufsätzen zur Loyalität gegenüber Indien aufgerufen habe. In dieser Frage waren sich Vater und Sohn also einig, geht mir durch den Kopf. Des Weiteren, fährt Babu fort, erfahre man aus dem Text, dass er sich einen Namen gemacht habe als Förderer der tamilischen Literatur, als Verfasser mehrerer Bücher über den Koran sowie als fortschrittlicher Denker, der den Missbrauch der Religion als Machtinstrument anprangerte.

«Ein Journalist, der Bücher schrieb», murmle ich mehr zu mir selbst als zu Babu. «Der Apfel fällt nicht weit vom Stamm», grinst er. Ich lächle gequält. Ich bin nach Indien gereist, um mehr über meinen Vater zu erfahren. Nicht über meinen Großvater. Ich bin müde. Ich will ins Bett. Ich will, dass die Kopfschmerzen aufhören. Ich will morgen nicht wieder nonstop essen müssen. Mir wird das allmählich zu viel hier. – Ich bin ähnlich durcheinander wie damals nach meiner Begegnung mit Nizar, dem Verschacherer des Hauses meiner Großmutter. Ich fand ihn interessant, nicht unsympathisch, und er tat mir ein wenig leid. Gleichzeitig hatte ich ein schlechtes Gewissen, dass ich mich überhaupt mit ihm traf. Fiel ich dadurch nicht meinem Vater in den Rücken? In gewisser Weise stellt sich nun dieselbe Frage in verschärfter Form. Aber klar: Würde jemand einwenden, es sei absurd, Rücksicht auf die Gefühle eines Verstorbenen zu nehmen, ich wüsste nicht, was entgegnen.

Je näher das große Fest rückt, desto mehr Betrieb herrscht im Haus. Von überall her eintreffende Hochzeitsgäste, Laufburschen, die schwere Jutetaschen abliefern, Handwerker, die Anweisungen für das Errichten des Zeltes entgegennehmen (dieses muss mehrmals ab- und wieder aufgebaut werden, bevor Babu zufrieden ist). Obwohl sich nach wie vor niemand außer mir auf den Plastikstuhl setzen darf, bin ich nicht mehr das alleinige Zentrum der Aufmerksamkeit. Das ist ungewohnt, aber angenehm und erlaubt ungezwungenere Konversationen. Ein jüngerer Verwandter, der manchmal mit den Schwestern der Braut zu schäkern scheint, lässt mich wissen, dass mein Teint beim letzten Besuch heller gewesen sei. Gebräunte Haut, kläre ich ihn auf, gelte in Europa als schön. Darauf Babus jüngste Tochter sarkastisch: «Vielleicht sollte ich nach Europa auswandern.»

Als ich frage, wie eigentlich die köstlichen Idlis hergestellt würden, die ich immer zum Frühstück bekomme, macht ihre Mutter eine kleine Küchenführung mit mir – zur Freude sämtlicher im Raum anwesender Frauen und zu ihrem noch größeren Amüsement. Bei der Gelegenheit erfahre ich, dass die Familie erst seit etwa zehn Jahren einen Kühlschrank besitzt. Zuvor war die Stromspannung zu gering und ein solches Gerät «für die Mittelklasse ohnehin viel zu teuer». Dasselbe gilt für die Idli-Maschine. Früher habe man zu zweit fünfundvierzig Minuten benötigt, um ein Kilogramm Reis von Hand zu einem Teig zu verrühren. «Sehr streng, *no talk*.» Die Mutter zeigt mit dem Finger auf die Braut: Die Frauen von heute würden sich weigern, eine solche Arbeit zu verrichten. Das Gelächter, das folgt, ist dermaßen ausdauernd, dass ich fürchte, ein Trupp Männer werde in die Küche stürmen, um nach dem Rechten zu sehen.

Mittlerweile sind auch Nowrose und ihre Mutter im Dorf angekommen. Ich habe mich sehr auf das Wiedersehen gefreut. Nun sind meine fünf Tanten vollzählig um mich versammelt, und ich kann mich erstmals mit allen zusammen fotografieren lassen. Zudem macht die Anwesenheit meiner verlässlichen, allseits geachteten und ausgezeichnet Englisch sprechenden Cousine die Verständigung einfacher. Dank ihr finde ich endlich heraus, welchen Übernamen mein Vater in der Familie gehabt hatte: *Doctor ma-ma*, Onkel Doktor.

«Burno! *Welcome!* Wie geht es dir! Wo ist Silica!» Zerzauster Bart, weißes Käppchen und ein markantes Stirnmal – der umtriebige Verwandte, der Silvia und mich durch das lehmofenheiße Madurai geschlaucht hatte, steht vor mir. Auch über dieses Wiedersehen freue ich mich. Gleichzeitig fürchte ich mich ein wenig vor dem invasiven Temperament und der unzerstörbar guten Laune des Mannes. Tatsächlich neigt er sich sofort zu mir, sodass unsere Köpfe kaum zwei Nasenbreit auseinanderliegen, und lärmt: «Nächstes Mal kommst du wieder mit Silca!

Und, inschallah, mit Baby! Dann fahren wir üüüüberall hin und amüsieren uns.» Einen Chai später: «Nächstes Mal bleibst du drei Monate und lernst Tamil! Und Silsa, sie lernt, wie man Idlis zubereitet, Dosai, einfach alles!» Als ich ihm auf seine entsprechende Frage erkläre, dass meine Gattin mir das Mittagessen nicht ins Büro zu bringen brauche, da ich mir jeweils selbständig ein Brötchen kaufe, hört er hochinteressiert zu. Ein bisschen so, als sitze der junge Habermas in einer Vorlesung von Adorno.

In der Folge überrascht er mich gleich zweimal. Zuerst quengelt er, dass ich, wie schon mein Vater, viel zu selten zu Besuch komme. In einem dilettantischen Versuch, die Hadsch-Replik meines Vaters nachzuahmen, belehre ich ihn leicht genervt, dass immerhin dessen Geld regelmäßig zu Besuch gekommen sei. Er ungerührt: «Eben. Du schickst ja nichts mehr, also kannst du uns öfters besuchen.» Später bestehe ich darauf, mich für das Mittagsmahl mit ihm und all den anderen Männern auf den Boden zu setzen. Die Alternative, ganz allein an einem Tisch zu sitzen und auf ein Dutzend weißer Käppchen hinabzublicken, erscheint mir einfach zu lächerlich. Er schaut interessiert zu, wie ich – eines der ungelenkigsten Wesen auf Erden – meine Beine in eine schneidersitzartige Position zwinge. Zu den anderen gewandt sagt er: «Nach dem Essen müssen wir Burno wieder hochhelfen. Alleine schafft er das nicht.» Womit sich zum ersten Mal ein Verwandter in meiner Gegenwart über mich lustig gemacht hätte. Das ist doch ein Anfang.

«*Come, come!*» Am vorletzten Tag vor der Hochzeit findet Babu überraschend Zeit für den lange versprochenen Rundgang durch das Dorf. Als Erstes zeigt er mir das Grab meiner

Großmutter, das ich unbedingt hatte sehen wollen. Jetzt verstehe ich, wieso er auf meinen Wunsch etwas verlegen reagiert hatte: Wir stehen am Rand einer verwilderten Grasfläche auf dem Gelände der Moschee. Babu macht eine vage Handbewegung und sagt: «Ungefähr dort liegt sie.» Irgendwann sei man davon abgekommen, Grabsteine aufzustellen, da die Angehörigen «kleine Tempel» aus ihnen gemacht hätten. «Du darfst nicht vergessen», fährt er in einem leutseligen Ton fort, als wolle er mir einen Gebrauchtwagen verkaufen, «dass unsere Leute noch im vorletzten Jahrhundert Hindus waren.» Die Konversion zum Islam oder Christentum stellt in Indien eine der wenigen Möglichkeiten für einen Ausbruch aus dem Kastengefängnis dar.

Ich frage Babu, ob sich Muslime auch im hinduistischen Teil Srivaikuntams niederlassen können. «Aber sicher natürlich.» Und umgekehrt? «Nicht möglich.» – «Das ist aber unfair, Babu.» – «Ach weißt du, mit Hindus in der Nachbarschaft ist es einfach nicht dasselbe: Sie haben häufig Streit untereinander, feiern lärmige Feste und lassen überall Abfall liegen.» Erstaunlich, wie sehr sich die Kollisionen des Zusammenlebens rund um den Globus gleichen. Wir gehen weiter zu der Realschule, die mein Vater bis zum fünfzehnten Lebensjahr besuchte. Zu jener Zeit hieß sie Coronation High School, weil ihre Gründung im selben Jahr erfolgte wie die Krönung von George V. zum Kaiser von Indien. Im Zuge der postkolonialen Aufräumarbeiten bekam dann die Bildungsanstalt einen anständigen Namen: Sri Kumara Gurupara Swamigal College.

Father, Guindy, London, Imperial, doctorate. Nachdem sich herumgesprochen hat, was für ein wunderlicher Besucher im Büro des Schulleiters sitzt, kommt es vor der Tür zu einem

Auflauf. Da rasch klar wird, dass mein Interview mit dem Schulleiter nirgends hinführen wird – er ist zu jung, zu perplex und spricht kaum Englisch –, nehme ich meinen Fotoapparat hervor und frage: «Okay?» Der Vorschlag stößt auf allgemeine Zustimmung. In diversen Kombinationen gruppieren sich Direktion, Lehrkörper und das erweiterte Umfeld des Sri Kumara Gurupara Swamigal College um mich herum, während Babu das Geschehen mit der Kamera festhält.

Auf dem Rückweg biegen wir in eine Seitengasse ein, wo Babu an die Tür einer ärmlichen Hütte klopft. Das Gekläffe hinter der Tür macht mich nervös. Hinaus flitzt ein pudelartiges Hündchen, wie man es eher in einem Pariser Bistro auf dem Schoß einer Likör trinkenden Dame erwarten würde. Ein sehr alter Mann reckt den Kopf heraus. «Ein Klassenkamerad deines Vaters», sagt Babu. Der Mann sieht schlecht und hört schlecht, sodass es eine Weile dauert, bis er versteht, wieso wir hier sind. Dann aber bricht er vor Freude beinahe in Tränen aus. Seine Zähne sind krumm und gelb, wie bei so vielen alten Menschen hier. «Nicht einmal meine eigenen Verwandten besuchen mich», lacht er und führt uns in einen düsteren, modrigen Raum. Mittlerweile kenne ich Babu gut genug, um seinen Gesichtsausdruck zu deuten: Dieser Ort ist nichts für meinen Cousin. Ich lächle ihm beschwichtigend zu und bitte ihn, den Mann zu fragen, ob er sich an meinen Vater erinnern könne. Oh, sicher, antwortet dieser. Ziauddin war hochintelligent. Der Erste aus Srivaikuntam, der nach Madras an die Universität ging. Später lebte er in Europa. Sogar in den umliegenden Dörfern hat man über ihn gesprochen.

Wenig später begegnen wir auf der Big Mosque Street einem Bekannten Babus. – Ziauddin? Als er 1957 zu Besuch in unser

Dorf kam, haben wir in der Moschee ein Willkommensfest für ihn gegeben. Er besaß einen Doktortitel!

Der Erste in der Familie mit Hochschulabschluss, der Einzige, der in den Westen ging, der Einzige in vier Generationen mit einer Promotion, der Einzige in hundert Jahren, der sich nicht mit einer Muslimin vermählte. (Vor kurzem ist ein sehr verliebter junger Mann dazugekommen, der eine Hindufrau geheiratet hat.) Wahrscheinlich passte mein Vater tatsächlich nicht so recht hierher. Aber passte er in ein siebentausend Kilometer entferntes Städtchen im Alpenraum? Wahrscheinlich verhält es sich so: Es gehört zum Los ungewöhnlicher Figuren, dass sie nirgends richtig hineinpassen.

Heute gesellt sich seit längerem wieder einmal Mister Yusuf zu mir an den Frühstückstisch. Babu ist bereits nach Tirunelveli gefahren, um die Gäste aus Sri Lanka abzuholen. «Ein Glas warmes Wasser?», fragt Mister Yusuf im Tonfall eines livrierten Kellners, der etwas Bordeaux nachschenken möchte. Ich lehne dankend ab und hoffe, dass er nicht bemerkt, wie ich die Hammelleber, die seine Frau zubereitet hat, diskret in die Schüssel zurücklege. (Hammelleber esse ich aus Prinzip nie vor acht Uhr morgens.)

Ich bin immer wieder verblüfft, mit welchem archivarischen Ehrgeiz Mister Yusuf alles, was meine Eltern ihm je geschickt haben, aufbewahrt. Als ich ihn vor einigen Tagen in seinem Haus besuchte, zeigte er mir einen fünfundzwanzig Jahre alten Brief meines Vaters. In dem Brief, der an die Direktion der State Bank of India in Bombay adressiert war, beschwerte er sich über einen faulen, inkompetenten, korrupten Mitarbeiter der Filiale Srivaikuntam, der eine Schande für das Unternehmen und das Land sei. Er frage sich ernsthaft, so mein Vater, ob er es hier mit einem seriösen Finanzinstitut zu tun habe oder mit der Lotterbank eines Entwicklungslandes. Der Mitarbeiter sei dann in eine andere Filiale versetzt worden, wusste Mister Yusuf zu berichten. Später legte er Fotos von meinen Eltern und mir auf den Tisch, die ich nie zuvor gesehen hatte. Darunter eines, das am Dreikönigstag 1971 oder 1972 gemacht worden sein muss und meinen Vater mit Pappkrone und Zigarre zeigt. Ein Enkel von Mister Yusuf wollte daraufhin wissen, ob das die Kopfbedeckung sei, die in meiner Heimat für Moscheebesuche verwendet werde. Ich verneinte, und Mister Yusuf ergänzte: «01 362 26 85 – sogar die Telefonnummer deiner Eltern kenne ich immer noch auswendig!»

Irgendwann teilt sich der Türvorhang, und Babu betritt das Wohnzimmer, gefolgt von einer kleinen Prozession mir unbekannter Menschen. Ich starre die Ankömmlinge fasziniert an, als sei ich der letzte Bauerntölpel. So etwas hat Srivaikuntam bestimmt noch nicht oft gesehen: schwergeschminkte Teenager-Mädchen mit hochhackigen Schuhen und schicken Sonnenbrillen im Haar, schlaksige Jungs in Adidas-Trainingsanzügen, erwachsene Männer, die nach internationalem Business aussehen. Die Teenager sehen sich missmutig im Raum um. Sie haben denselben Gesichtsausdruck wie Paris Hilton, wenn diese für eine Reality-Show Kühe melken soll. «Unsere Verwandten aus Sri Lanka», sagt Babu. Ich entwickle eine eigenartige Form von Beschützerinstinkt und hoffe, dass diese Leute sich gebührend zu benehmen wissen, meine Inder nicht von oben herab behandeln und Babus Mädchen nicht zu sehr durcheinanderbringen. Babu nimmt mich am Arm und stellt mir einen der Erwachsenen vor: «Das ist Osman. Er ist ein Enkel unseres Großvaters und dessen zweiter Frau.» Wir schauen uns überrascht an und sagen beinahe gleichzeitig: «Dann sind wir ja Cousins!» Wir lachen, und ich frage, wie viele Geschwister er denn habe. Zwei Brüder. Der eine, ergänzt er mit lässigem amerikanischem Akzent, stehe gleich dort drüben. Und wie viele Kinder? Insgesamt acht.

Wenn sich vor meiner ersten Indienreise jemand nach meinen verwandtschaftlichen Verhältnissen erkundigte, antwortete ich: Einzelkind, Eltern gestorben, Tante und Onkel gestorben, der nächste lebende Verwandte ist mein französischer Cousin Jean-Pierre. Dann kamen fünf Tanten sowie 31 Cousins und Cousinen dazu. Mittlerweile bin ich bei 34 neuen Cousins und Cousinen angelangt, darf mich, falls ich richtig gezählt habe, 81fachen Onkel zweiten Grades nennen und habe einen unbekannten Großvater entdeckt, der Bücher und Zeitungsartikel schrieb – genau wie ich.

Wenn sich vor meiner ersten Indienreise jemand nach meinem Namen erkundigte, dann gab es dazu nicht mehr zu sagen als: Bruno. Heute denke ich manchmal: Ich heiße Bruno oder auch Bruno Meeran. Meine Inder nennen mich Burno, meine englischen Freunde verballhornen den Namen zu Bun-Ro, Kenneth' Witwe nannte mich Zia, Pater Wels, der Priester, der meine Eltern traute, redete mich mit Bob an, und der Fahrer des manikürten Geschäftsmanns in Madras taufte mich Abdullah.

Ich habe nicht den Eindruck, dass ich deswegen weniger genau weiß, wer ich bin. Aber auf die Frage, woher ich komme, ist mir die Antwort schon leichter gefallen.

Von meinem neuen Cousin erfahre ich, dass sein Großvater, der trotz allem auch meiner war, eine sehr fromme Person gewesen sei. Er habe nicht gewollt, dass mein Vater eine Ungläubige heirate, und sei deswegen wütend auf ihn gewesen, wiederholt der Cousin, was ich schon durch Kenneth' Witwe wusste. Seiner Frömmigkeit wegen hätten ihn die Enkelkinder «amen papa» genannt. Ich denke: Besser «*doctor ma-ma*» als «*amen papa*». Auch kann der Cousin eine Vermutung von mir bestätigen, die ich lange gehegt, dann wieder verworfen habe: Unser Großvater war ein wohlhabender Mann. Er sei der Erste der Familie gewesen, der sich die Pilgerfahrt nach Mekka habe leisten können, und für seine Geschäftsreisen von Colombo nach Bombay habe er das Flugzeug genommen (Air India). Auch habe er sich teuer und auffällig gekleidet, sein Markenzeichen sei ein roter Filzhut mit schwarzer Quaste aus der marokkanischen Stadt Fès gewesen.

«Meine Großmutter hat nicht allzu viel von seinem Geld profitiert», bemerke ich schärfer als gewollt. Inzwischen hat sich der zweite meiner neuen Cousins zu uns gestellt. Im Gegensatz zu seinem glattrasierten Bruder trägt er einen Bart. Er sieht mich fragend an, und ich sage, mich um ein Lächeln bemühend: «Alte Geschichten. Meine Großmutter wurde von eurem Großvater verlassen.» Er lächelt zurück und meint sanft: «Das ist ein Missverständnis. Er hat sie nicht verlassen. Der Koran erlaubt bis zu vier Frauen.» Ich bin zu perplex, um etwas zu entgegnen. Zudem meine ich, einen tadelnden Blick von Tante Kamarunisa geerntet zu haben. Vielleicht, weil ich mich die ganze Zeit mit den Gästen aus Sri Lanka unterhalte. Also lächle ich ein weiteres Mal und sage: «Bitte entschuldigt mich einen Moment, mein *auntie* hat mich gerufen.»

Abends in der VIP-Zone starre ich auf das gerahmte Bild meines Großvaters. Ein wenig kann ich den Cousin aus Sri Lanka verstehen: Aus seiner Perspektive – der eines gläubigen Muslims – war nun mal nichts dabei, dass «amen papa» sich eine zweite Frau genommen hatte. Allerdings, so könnte man einwenden, ließ er die erste schmählich im Stich, was kaum den frommen Regeln entsprach, nach denen er zu leben vorgab. Nur: Alle, die ich danach gefragt habe – meine Tanten, Babu, die neuen Cousins –, bestätigen, dass mein Großvater sich Anfang der vierziger Jahre nach Sri Lanka absetzte. Meine jüngste Tante aber, die Mutter von Nowrose, kam erst 1947 zur Welt. Da mit ziemlicher Sicherheit ausgeschlossen werden konnte, dass sie das Produkt einer anderen Liaison war, bedeutete dies, dass meine Großmutter ihrem treulosen Gatten den Zutritt zu ihrem Haus nicht ganz so konsequent verweigerte, wie von meinen Tanten geschildert. Einmal mehr erwiesen sich die Verhältnisse in Srivaikuntam als schillernd, widersprüchlich, undurchsichtig. So undurchsichtig, dass mein Vater irgendwann beschloss, sich von Familienangelegenheiten möglichst fernzuhalten.

Am Morgen der Hochzeit erwache ich noch vor Sonnenaufgang. Ursache ist eine spektakuläre Kakophonie, so schön und kurios, dass ich im Halbdunkel vor mich hin grinse, als sei ich schwer bekifft. Von der Hauptstraße dringt eine nervöse Mischung aus oboenartigen Tönen, rhythmischen Sprechgesängen und Trommelklängen zum Haus. (Vermutlich eine jener Hinduprozessionen, die nach Babus Geschmack zu häufig stattfinden.) Zu Oboengedudel und Sprechgesang gesellen sich Hundegebell und das Kikeriki eines Hahnes – beides verblüffend genau im Takt der Trommeln. Alsbald werden Obo-engedudel, Sprechgesang, Hundegebell, Hahnenschrei und Getrommel durch das Rattern der Idli-Maschine meiner Pri-vatköchin unterstützt. Als alles miteinander singt, dudelt, bellt, trommelt, kräht und rattert, meldet sich der Muezzin: *Allahu akbar.* Gott ist groß.

«Nimm doch Platz, Bruno.»

«Danke, Yusuf. Aber ich stehe lieber eine Weile.»

«Okay. Und bitte setz dich.»

Babu hetzt durch das Haus und ruft mir im Vorbeigehen zu, er habe einen Fahrer gefunden, der mich nach dem Hochzeits-fest zur Kirche in Tirunelveli bringen könne. Ich laufe hinter ihm her und frage, wieso ich denn dorthin soll.

«Heute ist doch der 25. Dezember.»

«Das ist sehr aufmerksam von dir, Babu. Aber ich bleibe lieber bei euch. Außerdem gibt es auch in Srivaikuntam eine kleine Kirche. Dort kann ich ja immer noch hin, falls mich die Sehnsucht packt.»

«Das geht nicht.»

«Wieso nicht?»

«Unsere Kirche ist nicht RK.»

«RK?»

«Römisch-katholisch.»

Natürlich ist die Lage längst außer Kontrolle. Im Haus ist es bald so laut wie in einer Sportarena. Aberdutzende Hoch-zeitsgäste, Hilfskräfte und Gaffer gehen ein und aus. Niemand scheint zu wissen, was als Nächstes passiert und wann. Babu trägt jetzt zwei Mobiltelefone mit sich herum. Inmitten des Trubels liegen die wilden Zwillinge von Nowrose auf einer Matte und schlafen tief, nachdem sie zuvor während einer

Stunde pausenlos miteinander gerangelt haben. Dann ein fan-farenartiges Gehupe. «*Car! Car!*»

Ein weißer Personenwagen und ein klappriger Minibus sind vorgefahren. Jemand schubst mich in den Personenwagen (*you sit!*) und knallt die Tür zu. Dann passiert eine ganze Weile nichts. Außer dass ich in meinem langärmeligen Hemd und den schönen neuen Mokassins erbärmlich zu schwitzen beginne. Mit der Zeit beginnt sich der Minibus zu füllen. Dann leert er sich wieder. Irgendwann nimmt ein sehr, sehr alter Mann im Auto Platz. Der Minibus füllt sich erneut. Jetzt setzt sich Ummul neben mich. Es folgt Tante Kamarunisa. Und ein weiterer tatteriger Mann. Ich verstehe: Die Hochzeitsgesellschaft fährt Bus, während das Automobil für Alte, Schwache und Schweizer reserviert ist.

Eral ist etwas größer als Srivaikuntam, nicht aber wohlhabender. Wir rumpeln im Schritttempo über löchrige Sträßchen, immer wieder gehen Menschen an uns vorbei, die kaum mehr als Lumpen tragen. Auch das Muslimviertel mit der kleinen Moschee, vor der unser Wagen hält, macht einen eher ärmlichen Eindruck. Es dauert einen Moment, bis ich Babu erkenne, denn er trägt jetzt eine weiße Kopfbedeckung, was er sonst nie tut. Irgendwie sieht er damit mehr wie ein Chirurg als ein frommer Muslim aus. Ich muss an seine Bemerkung von gestern denken, durch die er mir noch viel sympathischer geworden ist, als er mir ohnehin schon war. Nach dem Mittagessen hatte der temperamentvolle Verwandte mit dem Stirnmal damit begonnen, mich mit Fragen zu meinen religiösen Überzeugungen zu bombardieren. Bist du Muslim, befolgst du den Koran, warum ging dein Vater nie in die Moschee und so weiter. Irgendwann hatte ich die Nase voll und sagte scharf: Selbstverständlich sei ich kein Muslim, sondern getauft. Schließlich sei ich in einem christlichen Land aufgewachsen.

Ich wollte dem Mann damit verständlich machen, dass es erstens nicht so verdammt wichtig sein konnte, ob ich dies oder jenes bin. Zweitens, so fand ich, hatte er Folgendes zur Kenntnis zu nehmen: Wenn man in der Familie so stolz auf *doctor ma-ma* war, den Jungen aus Srivaikuntam, der es in Europa zu etwas gebracht hatte, dann hatte man auch zu akzeptieren, dass er und seine Nachkommen ein an westlichen Werten und Traditionen orientiertes Leben führten.

Der Mann mit dem Stirnmal sah mich nur betrübt an, und ich bereute meinen Ausbruch sogleich. Ich hatte ein unbedachtes, sinnloses Kulturkämpfchen ausgetragen und ihn damit brüskiert, verletzt. Später beichtete ich Babu, was vorgefallen war, und beteuerte, dass es mir leidtue. Dieser zuckte bloß mit den Schultern und sagte: «*No problem*. Wer Gott respektieren will, muss zuallererst die Mitmenschen respektieren. Das ist es doch, woran es heute fehlt.»

In der Menge entdecke ich einen entfernten Verwandten aus der Küstenstadt Tuticorin. Er ist Zahnarzt und gehört zu dem kleinen Zweig der Sippschaft, den man als gutbürgerlich bezeichnen könnte. Er und die seinen sind größer gewachsen, sprechen besser Englisch, und man kann sich mit ihnen über Skilaufen unterhalten. Mit dem Zahnarzt hatte ich eine der diversen China-Diskussionen geführt. Im Gegensatz zu meiner Zugbekanntschaft war er jedoch der Ansicht, die Chinesen würden es besser machen als die Inder. Er überraschte mich mit der Aussage: «Demokratie ist schön und gut. Aber es gibt Wichtigeres. Das scheint ihr in Europa noch nicht begriffen zu haben.»

Von ihm erfahre ich, dass sich die Männer vor dem eigentlichen Hochzeitsfest zu einer kurzen Zeremonie versammeln, bei der die Vermählung offiziell gemacht wird. Und so kommt es, dass ich zum ersten Mal in meinem Leben den Gebetsraum einer Moschee betrete. (Mit Nowrose hatte ich in Madras eine Kirche besichtigt, was für sie ebenfalls eine Premiere bedeutete.) Ich setze mich auf den Boden, zu meiner Rechten der Zahnarzt, der wie ich keine Kopfbedeckung trägt, und zu meiner Linken, wie ich erst jetzt bemerke, Nizar der Hausverkäufer. Wahrscheinlich müsste selbst mein Vater grinsen, wenn er das sehen würde.

Nach der Zeremonie gehe ich ein Stück des Weges zur Hochzeitshalle gemeinsam mit Nizar. Wir tauschen Höflichkeitsfragen aus: Geht es dir wieder besser? Ich habe gehört, du hattest einen Unfall. – Wie geht es Silvia? Ist sie fertig mit ihrer Doktorarbeit? Der Hausstreit, der meinen Vater so aufgebracht hatte und auch mich eine Zeitlang aufwühlte, lässt mich jetzt nahezu kalt. Auch Babu und Mister Yusuf haben die Sache kaum mehr erwähnt. Sie scheinen sich damit abgefunden zu haben, dass das einstige Familiendomizil verloren ist. Babu begründet das so: «Für die neuen Besitzer handelt es sich um ein glückverheißendes Haus. Seit sie darin wohnen, sind sie zu Wohlstand gelangt. Darum werden sie es nicht mehr hergeben.»

Der Festsaal befindet sich im ersten Stock eines ziemlich charmelosen Betongebäudes. Er ist mit Girlanden geschmückt, verfügt über eine Bühne und ist mit zahllosen Stuhlreihen ausgestattet – es würde schwerfallen, drei Unterschiede zu einer Mehrzweckhalle sonst wo auf der Welt zu benennen. Nur die Gäste benehmen sich etwas eigenartig: Sie beglückwünschen mich reihenweise und schütteln mir die Hand. Alles Gute. Gratuliere. Gratuliere herzlich. Gratulation. Glückwunsch. Meine besten Wünsche. *Merry Christmas,* Burno!

Die eigentliche Feier scheint vorwiegend aus einem endlosen Fotoshooting zu bestehen sowie aus einer allgemeinen Besichtigung des Brautpaars, das auf der Bühne auf einem Thrönchen sitzt. Ich übergebe den beiden eine Original-Kuckucksuhr mit integriertem Heidi und Geißenpeter, die Silvia und ich in einem ansonsten ausschließlich von Japanern frequentierten Geschäft in der Altstadt Zürichs gekauft haben. Es ist uns nie gelungen herauszufinden, ob die Frischvermählten etwas mit unserem Geschenk anzufangen wissen. Die entsprechenden Nachfragen per E-Mail an Babu blieben alle unbeantwortet. Könnte etwas zu bedeuten haben, muss aber nicht. Bereits am Vorabend habe ich der Braut im Namen von Silvia ein mit Strass besetztes Diadem übergeben. Ein Mitbringsel, eine Geste, nichts Wertvolles, nichts Echtes. Jetzt glänzt der Flitter mitten auf ihrem Haupt neben Haarspangen, Ohrringen und Halsketten aus 22 Karat Gold.

Babus Tochter hat in den letzten Tagen eine bemerkenswerte Wandlung durchgemacht. Zwar ist sie noch immer zurückhaltender als ihre forsche Schwester, die unter Strom stehende Computer aufschraubt. Doch je näher der große Tag rückte, desto selbstsicherer begann sie aufzutreten. Und jetzt steht sie strahlend neben ihrem Bräutigam, den sie erst seit drei Stunden kennt. Vielleicht hat ihr Vater ja ein gutes Händchen bewiesen, obwohl er sich beklagte, wie schwierig es heutzutage sei, einen anständigen Jungen zu finden. «Sie rauchen, sie trinken, sie haben Mobiltelefone.» – «Sogar in Srivaikuntam?» – «Sogar in Srivaikuntam.»

Während im Festsaal weiter geblitzt und gratuliert wird, setze ich mich zu Tante Ummul auf die Terrasse. Ich mache mir Sorgen, denn sie hatte in den letzten Tagen Fieber und sieht etwas verloren aus. Weil ein Wind geht, lege ich ihr den bunten Pullover, den sie mitgebracht hat, um die Schulter. Von dem Becher Tee, den ich ihr reiche, will sie allerdings nichts wissen. Wie ich so dasitze, bekomme ich gar nicht mit, dass in einem Raum im Erdgeschoss das Bankett eröffnet worden ist (275 Kilogramm Lammfleisch, 125 Kilogramm Reis). Gegessen wird in drei Schichten à vierhundert Personen. Mister Yusuf kommt auf mich zu und sagt: «*Food, ready.*» Ich erhebe mich von meinem Stuhl und will die Treppe hinuntergehen. Doch er packt mich am Arm: «Nein, nein. Hier oben.» Mister Yusuf macht mir aufs leidenschaftlichste klar, dass er es nicht verantworten könne, mich der Meute im Erdgeschoss auszusetzen. Viel zu großes Gedränge, fehlende Manieren, kein anständiger Stuhl für mich. Natürlich sträube ich mich gegen die unwillkommene Sonderbehandlung. Natürlich muss ich ein weiteres Mal kapitulieren.

Obwohl das Brautpaar mittlerweile entschwunden ist, befinden sich noch immer sehr viele Gäste im Festsaal, die alle darauf warten, dass sie runter zum Bankett dürfen. Verfolgt von neugierigen Blicken werde ich ganz nach vorne eskortiert und neben der Bühne an ein wackliges Pult gesetzt. Dann trägt meine Privatköchin mein privates Biryani auf. Und so kommt es, dass ich vor mehreren hundert Zuschauern zu Mittag esse – wenn das kein Fall für das Buch des Guinness ist.

In den nächsten vierundzwanzig Stunden wird die VIP-Zone in Babus Haus ganz den Frischvermählten gehören. Darum verbringe ich die letzte Nacht vor meiner Abreise bei den Verwandten in Tuticorin. Auch hier erwache ich noch vor Sonnenaufgang von einer bezaubernden Kakophonie aus Hindugesängen, Hundegebell und Muezzinrufen. Lächelnd greife ich nach der Thermoskanne, die mir die Hausherrin gestern Abend ans Bett gestellt hat. Das Wasser ist noch immer warm.

1.	2.	3.	5.
UMMUL KULTHUM	**ZIAUDDIN** (†)	**NABEESA** (†)	**KAMARUNISA**
Frau von MEERAN MOHIDEEN			*Frau von* MEERAN

1. *SIRAJUNISA* ein Sohn, eine Tochter	1. BRUNO MEERAN	1. ZEENATH *vier Söhne, eine Tochter*	1. *JUGNU* ein Sohn, zwei Töchter
2. *NILOFER* ein Sohn, zwei Töchter		2. SHIFA *fünf Söhne, drei Töchter*	2. BABU drei Töchter
3. ZUNAITHA drei Söhne, zwei Töchter			3. JASMIN ein Sohn, eine Tochter
4. BANU ein Sohn, eine Tochter			
5. ANVERBATCHA ein Sohn (†)			
6. IBRAHIM zwei Söhne, eine Tochter			

6.	7.	8.	9.
DEEN **MAHMOODHA** (†)	**ZAHIRA**	**JAWAHAR NISHA**	**NOORUL HINAYA**
Frau von JAINULABDEEN	*Frau von* JAINULABDEEN	*Frau von* YOOSUF	*Frau von* MARZOOK

1. SHAFEEK *zwei Söhne*	1. NIZAR *zwei Töchter*	1. *SHAFNAM* *zwei Söhne, eine Tochter*	1. *BUSHRA* *ein Sohn, drei Töchter*
2. SHAMEEMA *drei Söhne*	2. MAHMOODA *zwei Söhne*	2. *SENAF* *zwei Söhne*	2. *NOWROSE* *drei Söhne*
3. NAWAS *zwei Töchter*	3. KAREEM	3. *RIFKI* *zwei Söhne*	3. SALHA *zwei Söhne*
4. *BARWEEN* *ein Sohn, eine Tochter*		4. MUFIDHA *eine Tochter*	4. *AKSANA* *zwei Söhne*
		5. ZAFIR	5. HANIFA *drei Söhne*
		6. JOWFER	6. *SAJITHA* *zwei Töchter*
			7. *KAMSA* *eine Tochter*
			8. SHAMSUDEEN
			9. ZINDHAMADAR *ein Sohn, eine Tochter*

Bruno Ziauddin
Grüezi Gummihälse
Warum uns die Deutschen manchmal auf die Nerven gehen
Sie kommen in Scharen, sprechen laut und wissen alles besser. Immer mehr Deutsche leben und arbeiten in der Schweiz – und treten dort in so manchen Fettnapf.
«Frech!» (NZZ am Sonntag)
rororo 62403

Ausländer sind manchmal ganz schön komisch

Dieter Moor
Was wir nicht haben, brauchen Sie nicht
Geschichten aus der arschlochfreien Zone
In der Brandenburgischen Provinz möchte Dieter Moor seinen Traum vom eigenen Bauernhof verwirklichen. Die neuen Nachbarn sind für allerlei ungeahnte Herausforderungen, komische Missgeschicke und skurrile Situationen gut. Eine charmante und witzige Liebeserklärung an eine verkannte Region. rororo 62475

Angelo Colagrossi
Herr Blunagalli hat kein Humor
Ein sprudelnder Italiener gefangen in Deutschland
Südländler trifft Teutonen! Angelo Colagrossi bleibt mit dem Zug im Schneechaos stecken. Während in den Waggons das Chaos ausbricht, erzählt er anekdotenreich und urkomisch von seinem Leben in Deutschland und seiner Arbeit fürs Fernsehen und seine Stars. rororo 62591

Weitere Informationen in der Rowohlt Revue *oder unter* www.rororo.de

Antonio im Wunderland

Der italienische Gastarbeiter Antonio Marcipane hat alles erreicht: Er besitzt ein Reihenendhaus, ein schönes Auto und vier Dutzend Krawatten. Seine Töchter haben deutsche Männer geheiratet, und jetzt wartet ein entspanntes Rentnerdasein auf ihn. Wenn da nicht noch ein unerfüllter Traum wäre: Amerika. Der zweite Band nach dem Bestseller «Maria, ihm schmeckt's nicht». Roman, rororo 24263

«Jan Weiler lesen macht einfach Spaß.» *Brigitte*

In meinem kleinen Land

Der Bestsellerautor geht auf Reisen. Wochen und Monate verbrachte Jan Weiler damit, sein Land anzuschauen. Witzig und unterhaltsam hat er seine kleinen und großen Erlebnisse aufgeschrieben und kommt zu dem Schluss: Deutschland ist eine Reise wert! rororo 62199

Gibt es einen Fußballgott?

Noch nie hat sich jemand so sehnsüchtig gewünscht, ein begnadeter Fußballer zu sein wie Adrian Pfeffer. Eines Nachts wird sein Bitten erhört: Der Fußballgott unterbreitet ihm ein Angebot, das er nicht ausschlagen kann. Eine phänomenale Karriere beginnt. Jan Weilers liebenswerte Fußballgeschichte, illustriert von Hans Traxler. rororo 24353

Weitere Informationen in der Rowohlt Revue *oder unter* www.rororo.de

Gibt es intelligentes Leben?

Fassungslos steht Dieter Nuhr vor dem großen kosmischen Durcheinander des menschlichen Daseins und fragt sich: "Gibt es intelligentes Leben?" Er begibt sich auf Weltreise. An 15 abgelegenen Orten versucht er, eine Antwort zu finden - pointiert, bissig, satirisch.
rororo 62076

Dieter Nuhr:
Der Philosoph unter den Comedians

Wer's glaubt, wird selig

Der Glaube versetzt Berge, so sagt man. Dieter Nuhr ist an den Hinterausgang der Welt gereist: immer dem Glauben auf der Spur. Und er ist zu erschütternden Ergebnissen gekommen. Zwerchfellerschütternd!
rororo 62284

Nuhr unterwegs

Dieter Nuhr hat alle Kontinente bereist und unglaubliche Fotos mitgebracht, aus China und Chile, aus Birma und Bayern – nicht ohne ironische Kommentare, aber im Mittelpunkt stehen diesmal seine Bilder.
rororo 62358

Weitere Informationen in der Rowohlt Revue *oder unter* www.rororo.de